TABELLEN

zur Bundesgebührenordnung für Rechtsanwälte,
zur Kostenordnung in freiwilliger Gerichtsbarkeit,
Notariatsgebühren und Gebühren in Handelsregistersachen,
zum Gerichtskostengesetz, zum Umsatzsteuergesetz
(Mehrwertsteuer),
zum Gesetz über Kosten der Gerichtsvollzieher,
zu den Gebühren der Rechtsbeistände und zu den
Gebühren in Arbeitsgerichtssachen
nebst ergänzenden Bestimmungen
und Erläuterungen

Begründet von

GOTTFRIED QUANDT
Rechtsanwalt

24. Auflage, bearbeitet von

FRANZ WOLTER
Justizamtmann i. R.

1971

WALTER DE GRUYTER · BERLIN · NEW YORK

ISBN 3 11 003836 6

Printed in Germany. — Satz und Druck: Walter de Gruyter & Co., 1 Berlin 30

Vorwort zur 24. Auflage

Verlag und Verfasser haben sich auf Anregung interessierter Kreise entschlossen, die Tabellen durch eine Zusammenstellung der Geschäftswerte und Gebühren in Handelsregistersachen zu erweitern, die bei Beurkundung von Versammlungsbeschlüssen, Anmeldungen und Eintragungen entstehen, sofern nicht ein bestimmter Geldbetrag in das Register einzutragen ist.

Die Aufstellung dieser Tabelle bietet hinsichtlich der Übersichtlichkeit gewisse Schwierigkeiten. Ich hoffe, daß die von mir gewählte Form Zustimmung findet, sehe aber Anregungen und Verbesserungsvorschlägen, auch für den übrigen Inhalt der Tabellen, stets gern entgegen.

Frankfurt am Main, im Juli 1971

Franz Wolter

I. Rechtsanwaltsgebühren

nach § 11 der Bundesgebührenordnung für Rechtsanwälte
i. d. Fass. des Ges. vom 30. 6. 1965 BGBl. I S. 577
i. V. mit dem Ges. vom 29. 10. 1969 BGBl. I S. 2049

Gültig ab 1. Januar 1970

Wert bis einschl. DM	$^{10}/_{10}$ DM	$^{5}/_{10}$ DM	$^{4}/_{10}$ DM	$^{3}/_{10}$ DM	$^{2}/_{10}$ DM	$^{13}/_{10}$ DM	$^{7,5}/_{10}$ DM
150	15	7,50	6	5	5	19,50	11,30
200	20	10	8	6	5	26	15
250	25	12,50	10	7,50	5	32,50	18,80
300	30	15	12	9	6	39	22,50
400	35	17,50	14	10,50	7	45,50	26,30
500	40	20	16	12	8	52	30
600	45	22,50	18	13,50	9	58,50	33,80
700	50	25	20	15	10	65	37,50
800	55	27,50	22	16,50	11	71,50	41,30
900	60	30	24	18	12	78	45
1000	65	32,50	26	19,50	13	84,50	48,80
1200	74	37	29,60	22,20	14,80	96,20	55,50
1400	83	41,50	33,20	24,90	16,60	107,90	62,30
1600	92	46	36,80	27,60	18,40	119,60	69
1800	101	50,50	40,40	30,30	20,20	131,30	75,80
2000	110	55	44	33	22	143	82,50
2200	119	59,50	47,60	35,70	23,80	154,70	89,30
2400	128	64	51,20	38,40	25,60	166,40	96
2600	137	68,50	54,80	41,10	27,40	178,10	102,80
2800	146	73	58,40	43,80	29,20	189,80	109,50
3000	155	77,50	62	46,50	31	201,50	116,30
3200	163	81,50	65,20	48,90	32,60	211,90	122,30
3400	171	85,50	68,40	51,30	34,20	222,30	128,30
3600	179	89,50	71,60	53,70	35,80	232,70	134,30
3800	187	93,50	74,80	56,10	37,40	243,10	140,30
4000	195	97,50	78	58,50	39	253,50	146,30

I. Rechtsanwaltsgebühren

Wert bis einschl. DM	$^{10}/_{10}$ DM	$^{5}/_{10}$ DM	$^{4}/_{10}$ DM	$^{3}/_{10}$ DM	$^{2}/_{10}$ DM	$^{13}/_{10}$ DM	$^{7,5}/_{10}$ DM
4200	202	101	80,80	60,60	40,40	262,60	151,50
4400	209	104,50	83,60	62,70	41,80	271,70	156,80
4600	216	108	86,40	64,80	43,20	280,80	162
4800	223	111,50	89,20	66,90	44,60	289,90	167,30
5000	230	115	92	69	46	299	172,50
5200	236	118	94,40	70,80	47,20	306,80	177
5400	242	121	96,80	72,60	48,40	314,60	181,50
5600	248	124	99,20	74,40	49,60	322,40	186
5800	254	127	101,60	76,20	50,80	330,20	190,50
6000	260	130	104	78	52	338	195
6200	264	132	105,60	79,20	52,80	343,20	198
6400	268	134	107,20	80,40	53,60	348,40	201
6600	272	136	108,80	81,60	54,40	353,60	204
6800	276	138	110,40	82,80	55,20	358,80	207
7000	280	140	112	84	56	364	210
7200	283	141,50	113,20	84,90	56,60	367,90	212,30
7400	286	143	114,40	85,80	57,20	371,80	214,50
7600	289	144,50	115,60	86,70	57,80	375,70	216,80
7800	292	146	116,80	87,60	58,40	379,60	219
8000	295	147,50	118	88,50	59	383,50	221,30
8400	300	150	120	90	60	390	225
8800	305	152,50	122	91,50	61	396,50	228,80
9200	310	155	124	93	62	403	232,50
9600	315	157,50	126	94,50	63	409,50	236,30
10000	320	160	128	96	64	416	240
10500	325	162,50	130	97,50	65	422,50	243,80
11000	330	165	132	99	66	429	247,50
11500	335	167,50	134	100,50	67	435,50	251,30
12000	340	170	136	102	68	442	255
12500	345	172,50	138	103,50	69	448,50	258,80
13000	350	175	140	105	70	455	262,50
13500	355	177,50	142	106,50	71	461,50	266,30
14000	360	180	144	108	72	468	270
14500	365	182,50	146	109,50	73	474,50	273,80
15000	370	185	148	111	74	481	277,50

I. Rechtsanwaltsgebühren

Wert bis einschl. DM	10/10 DM	5/10 DM	4/10 DM	3/10 DM	2/10 DM	13/10 DM	7,5/10 DM
15500	375	187,50	150	112,50	75	487,50	281,30
16000	380	190	152	114	76	494	285
16500	385	192,50	154	115,50	77	500,50	288,80
17000	390	195	156	117	78	507	292,50
17500	395	197,50	158	118,50	79	513,50	296,30
18000	400	200	160	120	80	520	300
18500	405	202,50	162	121,50	81	526,50	303,80
19000	410	205	164	123	82	533	307,50
19500	415	207,50	166	124,50	83	539,50	311,30
20000	420	210	168	126	84	546	315
21000	428	214	171,20	128,40	85,60	556,40	321
22000	436	218	174,40	130,80	87,20	566,80	327
23000	444	222	177,60	133,20	88,80	577,20	333
24000	452	226	180,80	135,60	90,40	587,60	339
25000	460	230	184	138	92	598	345
26000	468	234	187,20	140,40	93,60	608,40	351
27000	476	238	190,40	142,80	95,20	618,80	357
28000	484	242	193,60	145,20	96,80	629,20	363
29000	492	246	196,80	147,60	98,40	639,60	369
30000	500	250	200	150	100	650	375
31000	508	254	203,20	152,40	101,60	660,40	381
32000	516	258	206,40	154,80	103,20	670,80	387
33000	524	262	209,60	157,20	104,80	681,20	393
34000	532	266	212,80	159,60	106,40	691,60	399
35000	540	270	216	162	108	702	405
36000	548	274	219,20	164,40	109,60	712,40	411
37000	556	278	222,40	166,80	111,20	722,80	417
38000	564	282	225,80	169,20	112,80	733,20	423
39000	572	286	228,80	171,60	114,40	743,60	429
40000	580	290	232	174	116	754	435
41000	588	294	235,20	176,40	117,60	764,40	441
42000	596	298	238,40	178,80	119,20	774,80	447
43000	604	302	241,60	181,20	120,80	785,20	453
44000	612	306	244,80	183,60	122,40	795,60	459
45000	620	310	248	186	124	806	465

I. Rechtsanwaltsgebühren

Wert bis einschl. DM	$^{10}/_{10}$ DM	$^{5}/_{10}$ DM	$^{4}/_{10}$ DM	$^{3}/_{10}$ DM	$^{2}/_{10}$ DM	$^{13}/_{10}$ DM	$^{7,5}/_{10}$ DM
46000	628	314	251,20	188,40	125,60	816,40	471
47000	636	318	254,40	190,80	127,20	826,80	477
48000	644	322	257,60	193,20	128,80	837,20	483
49000	652	326	260,80	195,60	130,40	847,60	489
50000	660	330	264	198	132	858	495
51000	667	333,50	266,80	200,10	133,40	867,10	500,30
52000	674	337	269,60	202,20	134,80	876,20	505,50
53000	681	340,50	272,40	204,30	136,20	885,30	510,80
54000	688	344	275,20	206,40	137,60	894,40	516
55000	695	347,50	278	208,50	139	903,50	521,30
56000	702	351	280,80	210,60	140,40	912,60	526,50
57000	709	354,50	283,60	212,70	141,80	921,70	531,80
58000	716	358	286,40	214,80	143,20	930,80	537
59000	723	361,50	289,20	216,90	144,60	939,90	542,30
60000	730	365	292	219	146	949	547,50
61000	737	368,50	294,80	221,10	147,40	958,10	552,80
62000	744	372	297,60	223,20	148,80	967,20	558
63000	751	375,50	300,40	225,30	150,20	976,30	563,30
64000	758	379	303,20	227,40	151,60	985,40	568,50
65000	765	382,50	306	229,50	153	994,50	573,80
66000	772	386	308,80	231,60	154,40	1003,60	579
67000	779	389,50	311,60	233,70	155,80	1012,70	584,30
68000	786	393	314,40	235,80	157,20	1021,80	589,50
69000	793	396,50	317,20	237,90	158,60	1030,90	594,80
70000	800	400	320	240	160	1040	600
71000	807	403,50	322,80	242,10	161,40	1049,10	605,30
72000	814	407	325,60	244,20	162,80	1058,20	610,50
73000	821	410,50	328,40	246,30	164,20	1067,30	615,80
74000	828	414	331,20	248,40	165,60	1076,40	621
75000	835	417,50	334	250,50	167	1085,50	626,30
76000	842	421	336,80	252,60	168,40	1094,60	631,50
77000	849	424,50	339,60	254,70	169,80	1103,70	636,80
78000	856	428	342,40	256,80	171,20	1112,80	642
79000	863	431,50	345,20	258,90	172,60	1121,90	647,30
80000	870	435	348	261	174	1131	652,50

I. Rechtsanwaltsgebühren

Wert bis einschl. DM	10/10 DM	5/10 DM	4/10 DM	3/10 DM	2/10 DM	13/10 DM	7,5/10 DM
81000	877	438,50	350,80	263,10	175,40	1140,10	657,80
82000	884	442	353,60	265,20	176,80	1149,20	663
83000	891	445,50	356,40	267,30	178,20	1158,30	668,30
84000	898	449	359,20	269,40	179,60	1167,40	673,50
85000	905	452,50	362	271,50	181	1176,50	678,80
86000	912	456	364,80	273,60	182,40	1185,60	684
87000	919	459,50	367,60	275,70	183,80	1194,70	689,30
88000	926	463	370,40	277,80	185,20	1203,80	694,50
89000	933	466,50	373,20	279,90	186,60	1212,90	699,80
90000	940	470	376	282	188	1222	705
91000	946	473	378,40	283,80	189,20	1229,80	709,50
92000	952	476	380,80	285,60	190,40	1237,60	714
93000	958	479	383,20	287,40	191,60	1245,40	718,50
94000	964	482	385,60	289,20	192,80	1253,20	723
95000	970	485	388	291	194	1261	727,50
96000	976	488	390,40	292,80	195,20	1268,80	732
97000	982	491	392,80	294,60	196,40	1276,60	736,50
98000	988	494	395,20	296,40	197,60	1284,40	741
99000	994	497	397,60	298,20	198,80	1292,20	745,50
100000	1000	500	400	300	200	1300	750

steigend bei Werten bis 1000000 DM für je 5000 DM 10/10 um 25 DM, 13/10 um 32,50 DM
oder
— von den auf volle 5000 DM aufgerundeten Werten —

	0,5% +500	0,25% +250	0,2% +200	0,15% +150	0,1% +100	0,65% +650	0,375% +375
105000	1025	512,50	410	307,50	205	1332,50	768,80
110000	1050	525	420	315	210	1365	787,50
115000	1075	537,50	430	322,50	215	1397,50	806,30
120000	1100	550	440	330	220	1430	825
125000	1125	562,50	450	337,50	225	1462,50	843,80
130000	1150	575	460	345	230	1495	862,50
135000	1175	587,50	470	352,50	235	1527,50	881,30
140000	1200	600	480	360	240	1560	900
145000	1225	612,50	490	367,50	245	1592,50	918,80
150000	1250	625	500	375	250	1625	937,50
155000	1275	637,50	510	382,50	255	1657,50	956,30
160000	1300	650	520	390	260	1690	975

I. Rechtsanwaltsgebühren

Wert bis einschl. DM	10/10 DM	5/10 DM	4/10 DM	3/10 DM	2/10 DM	13/10 DM	7,5/10 DM
165000	1325	662,50	530	397,50	265	1722,50	993,80
170000	1350	675	540	405	270	1755	1012,50
175000	1375	687,50	550	412,50	275	1787,50	1031,30
180000	1400	700	560	420	280	1820	1050
185000	1425	712,50	570	427,50	285	1852,50	1068,80
190000	1450	725	580	435	290	1885	1087,50
195000	1475	737,50	590	442,50	295	1917,50	1106,30
200000	1500	750	600	450	300	1950	1125
205000	1525	762,50	610	457,50	305	1982,50	1143,80
210000	1550	775	620	465	310	2015	1162,50
215000	1575	787,50	630	472,50	315	2047,50	1181,30
220000	1600	800	640	480	320	2080	1200
225000	1625	812,50	650	487,50	325	2112,50	1218,80
230000	1650	825	660	495	330	2145	1237,50
235000	1675	837,50	670	502,50	335	2177,50	1256,30
240000	1700	850	680	510	340	2210	1275
245000	1725	862,50	690	517,50	345	2242,50	1293,80
250000	1750	875	700	525	350	2275	1312,50
255000	1775	887,50	710	532,50	355	2307,50	1331,30
260000	1800	900	720	540	360	2340	1350
265000	1825	912,50	730	547,50	365	2372,50	1368,80
270000	1850	925	740	555	370	2405	1387,50
275000	1875	937,50	750	562,50	375	2437,50	1406,30
280000	1900	950	760	570	380	2470	1425
285000	1925	962,50	770	577,50	385	2502,50	1443,80
290000	1950	975	780	585	390	2535	1462,50
295000	1975	987,50	790	592,50	395	2567,50	1481,30
300000	2000	1000	800	600	400	2600	1500
305000	2025	1012,50	810	607,50	405	2632,50	1518,80
310000	2050	1025	820	615	410	2665	1537,50
315000	2075	1037,50	830	622,50	415	2697,50	1556,30
320000	2100	1050	840	630	420	2730	1575
325000	2125	1062,50	850	637,50	425	2762,50	1593,80
330000	2150	1075	860	645	430	2795	1612,50
335000	2175	1087,50	870	652,50	435	2827,50	1631,30

I. Rechtsanwaltsgebühren

Wert bis einschl. DM	10/10 DM	5/10 DM	4/10 DM	3/10 DM	2/10 DM	13/10 DM	7,5/10 DM
340000	2200	1100	880	660	440	2860	1650
345000	2225	1112,50	890	667,50	445	2892,50	1668,80
350000	2250	1125	900	675	450	2925	1687,50
355000	2275	1137,50	910	682,50	455	2957,50	1706,30
360000	2300	1150	920	690	460	2990	1725
365000	2325	1162,50	930	697,50	465	3022,50	1743,80
370000	2350	1175	940	705	470	3055	1762,50
375000	2375	1187,50	950	712,50	475	3087,50	1781,30
380000	2400	1200	960	720	480	3120	1800
385000	2425	1212,50	970	727,50	485	3152,50	1818,80
390000	2450	1225	980	735	490	3185	1837,50
395000	2475	1237,50	990	742,50	495	3217,50	1856,30
400000	2500	1250	1000	750	500	3250	1875
405000	2525	1262,50	1010	757,50	505	3282,50	1893,80
410000	2550	1275	1020	765	510	3315	1912,50
415000	2575	1287,50	1030	772,50	515	3347,50	1931,50
420000	2600	1300	1040	780	520	3380	1950
425000	2625	1312,50	1050	787,50	525	3412,50	1968,80
430000	2650	1325	1060	795	530	3445	1987,50
435000	2675	1337,50	1070	802,50	535	3477,50	2006,30
440000	2700	1350	1080	810	540	3510	2025
445000	2725	1362,50	1090	817,50	545	3542,50	2043,80
450000	2750	1375	1100	825	550	3575	2062,50
455000	2775	1387,50	1110	832,50	555	3607,50	2081,30
460000	2800	1400	1120	840	560	3640	2100
465000	2825	1412,50	1130	847,50	565	3672,50	2118,80
470000	2850	1425	1140	855	570	3705	2137,50
475000	2875	1437,50	1150	862,50	575	3737,50	2156,30
480000	2900	1450	1160	870	580	3770	2175
485000	2925	1462,50	1170	877,50	585	3802,50	2193,80
490000	2950	1475	1180	885	590	3835	2212,50
495000	2975	1487,50	1190	892,50	595	3867,50	2231,30
500000	3000	1500	1200	900	600	3900	2250
505000	3025	1512,50	1210	907,50	605	3932,50	2268,80
510000	3050	1525	1220	915	610	3965	2287,50

I. Rechtsanwaltsgebühren

Wert bis einschl. DM	$^{10}/_{10}$ DM	$^{5}/_{10}$ DM	$^{4}/_{10}$ DM	$^{3}/_{10}$ DM	$^{2}/_{10}$ DM	$^{13}/_{10}$ DM	$^{7,5}/_{10}$ DM
515000	3075	1537,50	1230	922,50	615	3997,50	2306,30
520000	3100	1550	1240	930	620	4030	2325
525000	3125	1562,50	1250	937,50	625	4062,50	2343,80
530000	3150	1575	1260	945	630	4095	2362,50
535000	3175	1587,50	1270	952,50	635	4127,50	2381,30
540000	3200	1600	1280	960	640	4160	2400
545000	3225	1612,50	1290	967,50	645	4192,50	2418,80
550000	3250	1625	1300	975	650	4225	2437,50
555000	3275	1637,50	1310	982,50	655	4257,50	2456,30
560000	3300	1650	1320	990	660	4290	2475
565000	3325	1662,50	1330	997,50	665	4322,50	2493,80
570000	3350	1675	1340	1005	670	4355	2512,50
575000	3375	1687,50	1350	1012,50	675	4387,50	2531,30
580000	3400	1700	1360	1020	680	4420	2550
585000	3425	1712,50	1370	1027,50	685	4452,50	2568,80
590000	3450	1725	1380	1035	690	4485	2587,50
595000	3475	1737,50	1390	1042,50	695	4517,50	2606,30
600000	3500	1750	1400	1050	700	4550	2625
605000	3525	1762,50	1410	1057,50	705	4582,50	2643,80
610000	3550	1775	1420	1065	710	4615	2662,50
615000	3575	1787,50	1430	1072,50	715	4647,50	2681,30
620000	3600	1800	1440	1080	720	4680	2700
625000	3625	1812,50	1450	1087,50	725	4712,50	2718,80
630000	3650	1825	1460	1095	730	4745	2737,50
635000	3675	1837,50	1470	1102,50	735	4777,50	2756,30
640000	3700	1850	1480	1110	740	4810	2775
645000	3725	1862,50	1490	1117,50	745	4842,50	2793,80
650000	3750	1875	1500	1125	750	4875	2812,50
655000	3775	1887,50	1510	1132,50	755	4907,50	2831,30
660000	3800	1900	1520	1140	760	4940	2850
665000	3825	1912,50	1530	1147,50	765	4972,50	2868,80
670000	3850	1925	1540	1155	770	5005	2887,50
675000	3875	1937,50	1550	1162,50	775	5037,50	2906,30
680000	3900	1950	1560	1170	780	5070	2925
685000	3925	1962,50	1570	1177,50	785	6102,50	2943,80

I. Rechtsanwaltsgebühren

Wert bis einschl. DM	10/10 DM	5/10 DM	4/10 DM	3/10 DM	2/10 DM	13/10 DM	7,5/10 DM
690000	3950	1975	1580	1185	790	5135	2962,50
695000	3975	1987,50	1590	1192,50	795	5167,50	2981,30
700000	4000	2000	1600	1200	800	5200	3000
705000	4025	2012,50	1610	1207,50	805	5232,50	3018,80
710000	4050	2025	1620	1215	810	5265	3037,50
715000	4075	2037,50	1630	1222,50	815	5297,50	3056,30
720000	4100	2050	1640	1230	820	5330	3075
725000	4125	2062,50	1650	1237,50	825	5362,50	3093,80
730000	4150	2075	1660	1245	830	5395	3112,50
735000	4175	2087,50	1670	1252,50	835	5427,50	3131,30
740000	4200	2100	1680	1260	840	5460	3150
745000	4225	2112,50	1690	1267,50	845	5492,50	3168,80
750000	4250	2125	1700	1275	850	5525	3187,50
755000	4275	2137,50	1710	1282,50	855	5557,50	3206,30
760000	4300	2150	1720	1290	860	5590	3225
765000	4325	2162,50	1730	1297,50	865	5622,50	3243,80
770000	4350	2175	1740	1305	870	5655	3262,50
775000	4375	2187,50	1750	1312,50	875	5687,50	3281,30
780000	4400	2200	1760	1320	880	5720	3300
785000	4425	2212,50	1770	1327,50	885	5752,50	3318,80
790000	4450	2225	1780	1335	890	5785	3337,50
795000	4475	2237,50	1790	1342,50	895	5817,50	3356,30
800000	4500	2250	1800	1350	900	5850	3375
805000	4525	2262,50	1810	1357,50	905	5882,50	3393,80
810000	4550	2275	1820	1365	910	5915	3412,50
815000	4575	2287,50	1830	1372,50	915	5947,50	3431,30
820000	4600	2300	1840	1380	920	5980	3450
825000	4625	2312,50	1850	1387,50	925	6012,50	3468,80
830000	4650	2325	1860	1395	930	6045	3487,50
835000	4675	2337,50	1870	1402,50	935	6077,50	3506,30
840000	4700	2350	1880	1410	940	6110	3525
845000	4725	2362,50	1890	1417,50	945	6142,50	3543,80
850000	4750	2375	1900	1425	950	6175	3562,50
855000	4775	2387,50	1910	1432,50	955	6207,50	3581,30
860000	4800	2400	1920	1440	960	6240	3600

I. Rechtsanwaltsgebühren

Wert bis einschl. DM	$^{10}/_{10}$ DM	$^{5}/_{10}$ DM	$^{4}/_{10}$ DM	$^{3}/_{10}$ DM	$^{2}/_{10}$ DM	$^{13}/_{10}$ DM	$^{7,5}/_{10}$ DM
865000	4825	2412,50	1930	1447,50	965	6272,50	3618.80
870000	4850	2425	1940	1455	970	6305	3637,50
875000	4875	2437,50	1950	1462,50	975	6337,50	3656,30
880000	4900	2450	1960	1470	980	6370	3675
885000	4925	2462,50	1970	1477,50	985	6402,50	3693,80
890000	4950	2475	1980	1485	990	6435	3712,50
895000	4975	2487,50	1990	1492,50	995	6467,50	3731,30
900000	5000	2500	2000	1000	1000	6500	3750
905000	5025	2512,50	2010	1507,50	1005	6532,50	3768,80
910000	5050	2525	2020	1515	1010	6565	3787,50
915000	5075	2537,50	2030	1522,50	1015	6597,50	3806,30
920000	5100	2550	2040	1530	1020	6630	3825
925000	5125	2562,50	2050	1537,50	1025	6662,50	3843,80
930000	5150	2575	2060	1545	1030	6695	3862,50
935000	5175	2587,50	2070	1552,50	1035	6727,50	3881,30
940000	5200	2600	2080	1560	1040	6760	3900
945000	5225	2612,50	2090	1567,50	1045	6792,50	3918,80
950000	5250	2625	2100	1575	1050	6825	3937,50
955000	5275	2637,50	2110	1582,50	1055	6857,50	3956,30
960000	5300	2650	2120	1590	1060	6890	3975
965000	5325	2662,50	2130	1597,50	1065	6922,50	3993,80
970000	5350	2675	2140	1605	1070	6955	4012,50
975000	5375	2687,50	2150	1612,50	1075	6987,50	4031,30
980000	5400	2700	2160	1620	1080	7020	4050
985000	5425	2712,50	2170	1627,50	1085	7052,50	4068,80
990000	5450	2725	2180	1635	1090	7085	4087,50
995000	5475	2737,50	2190	1642,50	1095	7117,50	4106,30
1000000	5500	2750	2200	1650	1100	7150	4125

steigend bei Werten über 1000000 DM für je 10000 DM $^{10}/_{10}$ um 30 DM, $^{13}/_{10}$ um 39 DM
oder
— von den auf volle 10000 DM aufgerundeten Werten —

	0,3% +2500	0,15% +1250	0,12% +1000	0,09% +750	0,06% +500	0,39% +3250	0,225% +1875

Zum Beispiel

2000000	8500	4250	3400	2550	1700	11050	6375
3000000	11500	5750	4600	3450	2300	14950	8625
4000000	14500	7250	5800	4350	2900	18850	10875

Bemerkungen zu vorstehender Tabelle: (die §§ sind die der BRAGebO).

Es sind zu berechnen:

$^{10}/_{10}$ Gutachten über die Aussichten einer Revision § 21a; Vergleichsgebühr § 23; Erledigungsgebühr § 24; Prozeßgebühr § 31/1; Verhandlungsgebühr (streitig) § 31/2; Beweisgebühr § 31/3; Vergleichsgebühr bei Aussöhnung von Eheleuten § 36/2; Antrag auf Zahlungsbefehl § 43/1; Entmündigungsverfahren § 44; Antrag auf Vollstreckbarbeitserklärung eines Schiedsspruchs oder Vergleichs § 46/1; Antrag auf Vollstreckbarkeitserklärung von Entscheidungen ausländischer Gerichte § 47, auch wenn durch Beschluß entschieden wird; Korrespondenzgebühr § 52; in Arbeitssachen § 62; Güteverfahren § 65; Schiedsrichterliches Verfahren § 67.

$^{5}/_{10}$ Prozeßgebühr bei Erledigung des Auftrags ohne Einreichung eines Schriftsatzes § 32; nicht streitige Verhandlung § 33/1; Übertragung der mündlichen Verhandlung § 33/3; Einigung der Parteien § 41/2; Antrag auf Vollstreckungsbefehl § 43/3; Sicherung des Beweises § 48; Antrag auf Bewilligung oder Verlängerung einer Räumungsfrist § 50; Prozeßgebühr gemäß § 53; Beweisgebühr im Falle des § 54; Beschränkung der Tätigkeit auf Einreichung von Schriftsätzen und Terminswahrnehmung § 56; Vertretung im Verteilungsverfahren § 60; Güteverhandlung in Arbeitssachen § 62/2; Vertretung im Vertragshilfeverfahren § 64; Geschäfts- und Besprechungsgebühr (bis $^{10}/_{10}$) § 118.

$^{3}/_{10}$ Anträge zur Prozeß- und Sachleitung § 33/2; Übertragung der mündlichen Verhandlung § 33/3; Sühneverfahren § 42; Widerspruch gegen Zahlungsbefehl § 43/2; Aufgebotsverfahren § 45; Armenrechtsverfahren § 51; Anträge auf Abänderung einer Entscheidung des beauftragten oder ersuchten Richters, Rpfl. oder UrkB. § 55; Erledigung vor Einreichung eines Schriftsatzes § 56/2; Zwangsvollstreckungsverfahren § 57; Beschwerde § 61.

$^{1}/_{10}$ bis $^{10}/_{10}$: Raterteilung § 20.

In der Berufungs- und Revisionsinstanz: Erhöhung um $^{3}/_{10}$ § 11/1.

Mindestbetrag einer Gebühr = 5 DM § 11/2. — Pfennigbeträge werden auf volle 10 Pfennige aufgerundet § 11/2.

Postgebühren (Porto- und Fernsprechgebühren — auch Ortsgespräche —) sind zu erstatten. Der RA kann nach seiner Wahl anstelle der tatsächlich entstandenen Kosten einen Pauschsatz fordern, der zehn vom Hundert der gesetzlichen Gebühren, in derselben Angelegenheit und in gerichtlichen Verfahren in demselben Rechtszug jedoch höchstens 20 DM beträgt. Pfennigbeträge sind auf volle 10 Pfennige aufzurunden §§ 25, 26.

Die Höhe der Schreibgebühren bemißt sich nach dem für die gerichtlichen Schreibgebühren im Gerichtskostengesetz bestimmten Betrag (1 DM je Seite, vgl. im übrigen § 91 GKG) § 27/2.

Bei Zurückweisung an die Vorinstanz (§§ 538, 539, 565, 566 ZPO) gilt das Verfahren bei dieser für die RAGebühren als neue Instanz. Die Prozeßgebühr erhält der RA jedoch nur, wenn die Sache an ein Gericht zurückgewiesen ist, das mit der Sache noch nicht befaßt war § 15.

Die gesetzliche Vergütung, die dem RA zusteht (also jetzt in allen Angelegenheiten, nicht wie bisher nur in bürgerlichen Rechtsstreitigkeiten) wird auf Antrag des RA oder des Zahlungspflichtigen vom UrkB festgesetzt § 19. Der Antrag ist erst nach Eintritt der Fälligkeit der Vergütung zulässig § 19/2.

Gebührenvereinbarungen müssen von der Partei schriftlich bestätigt werden; das Gebührenversprechen darf nicht mit der Vollmacht oder einer sonstigen Urkunde verbunden werden § 3.

Der Mehrwertsteuer (vgl. Tabelle IX) unterliegen neben den Gebühren der RA auch die Schreibgebühren, die Reisekosten und Postgebühren, nicht Gelder, die der RA für eine Partei vorlegt, z. B. Gerichtskosten, Gerichtsvollziehergebühren. Der RA kann die Mehrwertsteuer von den gesetzlichen Gebühren seiner Partei in Rechnung stellen. Die Steuer ist von dem Gesamtentgelt in der betr. Sache zu berechnen.

Gebühren im Konkursverfahren und im Vergleichsverfahren zur Abwendung des Konkurses

a) Im Verfahren über den Antrag auf Konkurseröffnung § 72	3/10
und für die Vertretung eines Gläubigers dabei	5/10
b) Vertretung im Konkursverfahren § 73	5/10
c) Für die Tätigkeit im Zwangsvergleichsverfahren § 74	10/10
d) Beschränkt sich die Tätigkeit auf die Anmeldung einer Konkursforderung § 75	2/10
e) Im Verfahren auf Eröffnung des Vergleichsverfahrens § 79	3/10
und für die Vertretung eines Gläubigers dabei	5/10
f) Für Vertretung im Vergleichsverfahren § 80/1	10/10
und wenn seine Tätigkeit vor dem Vergleichstermin beendet ist	5/10
g) Außerdem für die Tätigkeit	
1. im Beschwerdeverfahren	3/10
2. im Verfahren über Anträge auf Anordnung von Sicherheitsmaßregeln § 80/2 .	3/10

Maßgebend zu e, f, g bei Schuldnervertretung der Betrag der Aktiven, bei Gläubigervertretung der Nennwert der Forderung § 81; ebenso in den Fällen zu a, b, c § 77.

Gebühren im Zwangsversteigerungs- und Zwangsverwaltungsverfahren

Es sind zu berechnen:

4/10	Wahrnehmung des Zwangsversteigerungstermins § 68/1, Ziff. 2.
3/10	Verfahren bis zur Einleitung des Verteilungsverfahrens § 68/1, Ziff. 1; Verteilungsverfahren § 68/1, Ziff. 3; Vertretung des Antragstellers im Zwangsverwaltungsverfahren über Anordnungsantrag § 69/1, Ziff. 1; weitere Vertretung im Zwangsverwaltungsverfahren § 69/1, Ziff. 2; Vertretung im Rechtsmittelverfahren in Zwangsversteigerungs- und Zwangsverwaltungsverfahren § 70.
2/10	Nichtdurchführung wegen Einstellung § 68/1, Ziff. 1; Vertretung eines Bieters § 68/2.

Gebühren des Armenanwalts

nach § 123 der Bundesgebührenordnung für Rechtsanwälte
in der Fassung des Gesetzes vom 30. Juni 1965 (BGBl. I S. 577)

i. V. mit dem Gesetz vom 29. Oktober 1969 (BGBl. I S. 2049)

Gültig ab 1. Januar 1970

Wert bis einschl. DM	10/10 DM	5/10 DM	4/10 DM	3/10 DM	2/10 DM	13/10 DM	13/20 DM	3/10 von 13/10 DM
150	15	7,50	6	5	5	19,50	9,80	5,90
200	20	10	8	6	5	26	13	7,80
250	25	12,50	10	7,50	5	32,50	16,30	9,80
300	30	15	12	9	6	39	19,50	11,70
400	35	17,50	14	10,50	7	45,50	22,80	13,70
500	40	20	16	12	8	52	26	15,60
600	45	22,50	18	13,50	9	58,50	29,30	17,60
700	50	25	20	15	10	65	32,50	19,50
800	55	27,50	22	16,50	11	71,50	35,80	21,50
900	60	30	24	18	12	78	39	23,40
1000	65	32,50	26	19,50	13	84,50	42,30	25,40
1200	74	37	29,60	22,20	14,80	96,20	48,10	28,90
1400	83	41,50	33,20	24,90	16,60	107,90	54	32,40
1600	92	46	36,80	27,60	18,40	119,60	59,80	35,90
1800	95	47,50	38	28,50	19	123,50	61,80	37,10
2000	98	49	39,20	29,40	19,60	127,40	63,70	38,30
2200	101	50,50	40,40	30,30	20,20	131,30	65,70	39,40
2400	104	52	41,60	31,20	20,80	135,20	67,60	40,60
2600	107	53,50	42,80	32,10	21,40	139,10	69,60	41,80
2800	110	55	44	33	22	143	71,50	42,90
3000	113	56,50	45,20	33,90	22,60	146,90	73,50	44,10
3200	115	57,50	46	34,50	23	149,50	74,80	44,90
3400	117	58,50	46,80	35,10	23,40	152,10	76,10	45,70
3600	119	59,50	47,60	35,70	23,80	154,70	77,40	46,50
3800	121	60,50	48,40	36,30	24,20	157,30	78,70	47,20
4000	123	61,50	49,20	36,90	24,60	159,90	80	48
4200	125	62,50	50	37,50	25	162,50	81,30	48,80
4400	127	63,50	50,80	38,10	25,40	165,10	82,60	49,60
4600	129	64,50	51,60	38,70	25,80	167,70	83,90	50,40
4800	131	65,50	52,40	39,30	26,20	170,30	85,20	51,10
5000	133	66,50	53,20	39,90	26,60	172,90	86,50	51,90
5200	135	67,50	54	40,50	27	175,50	87,80	52,70
5400	137	68,50	54,80	41,10	27,40	178,10	89,10	53,50
5600	139	69,50	55,60	41,70	27,80	180,70	90,40	54,30
5800	141	70,50	56,40	42,30	28,20	183,30	91,70	55
6000	143	71,50	57,20	42,90	28,60	185,90	93	55,80
6200	145	72,50	58	43,50	29	188,50	94,30	56,60

I. Rechtsanwaltsgebühren in Armensachen

Wert bis einschl. DM	$^{10}/_{10}$ DM	$^{5}/_{10}$ DM	$^{4}/_{10}$ DM	$^{3}/_{10}$ DM	$^{2}/_{10}$ DM	$^{13}/_{10}$ DM	$^{13}/_{20}$ DM	$^{3}/_{10}$ von $^{13}/_{10}$ DM
6400	147	73,50	58,80	44,10	29,40	191,10	95,60	57,40
6600	149	74,50	59,60	44,70	29,80	193,70	96,90	58,20
6800	151	75,50	60,40	45,30	30,20	196,30	98,20	58,90
7000	153	76,50	61,20	45,90	30,60	198,90	99,50	59,70
7200	155	77,50	62	46,50	31	201,50	100,80	60,50
7400	157	78,50	62,80	47,10	31,40	204,10	102,10	61,30
7600	159	79,50	63,60	47,70	31,80	206,70	103,40	62,10
7800	161	80,50	64,40	48,30	32,20	209,30	104,70	62,80
8000	163	81,50	65,20	48,90	32,60	211,90	106	63,60
8400	167	83,50	66,80	50,10	33,40	217,10	108,60	65,20
8800	171	85,50	68,40	51,30	34,20	222,30	111,20	66,70
9200	175	87,50	70	52,50	35	227,50	113,80	68,30
9600	179	89,50	71,60	53,70	35,80	232,70	116,40	69,90
10000	183	91,50	73,20	54,90	36,60	237,90	119	71,40
10500	186	93	74,40	55,80	37,20	241,80	120,90	72,60
11000	189	94,50	75,60	56,70	37,80	245,70	122,90	73,80
11500	192	96	76,80	57,60	38,40	249,60	124,80	74,90
12000	195	97,50	78	58,50	39	253,50	126,80	76,10
12500	198	99	79,20	59,40	39,60	257,40	128,70	77,30
13000	201	100,50	80,40	60,30	40,20	261,30	130,70	78,40
13500	204	102	81,60	61,20	40,80	265,20	132,60	79,60
14000	207	103,50	82,80	62,10	41,40	269,10	134,60	80,80
14500	210	105	84	63	42	273	136,50	81,90
15000	213	106,50	85,20	63,90	42,60	276,90	138,50	83,10
über 15000	216	108	86,40	64,80	43,20	280,80	140,40	84,30

§ 123 Abs. 2 BRAGebO ist durch das Gesetz vom 29. 10. 1969 nicht geändert.

In Ehesachen, in landgerichtlichen Verfahren, die die Feststellung des Rechtsverhältnisses zwischen Eltern und Kindern zum Gegenstand haben und in landgerichtlichen Entmündigungssachen tritt an die Stelle der vollen Gebühr unabhängig vom Streitwerte der feste Betrag von 75 DM, der sich in der Rechtsmittelinstanz um $^{3}/_{10}$ auf 97,50 DM erhöht (§ 123/2). Bruchteilsgebühren sind von diesen Sätzen zu berechnen, also in

1. Instanz $^{5}/_{10}$ von 75 DM = 37,50 DM;
$^{3}/_{10}$ von 75 DM = 22,50 DM,

in der Rechtsmittelinstanz

$^{5}/_{10}$ von 97,50 DM = 48,80 DM,
$^{3}/_{10}$ von 97,50 DM = 29,30 DM.

In Verfahren über Anträge nach §§ 627, 627 b ZPO ist der Höchstbetrag der vollen Gebühr 40 DM. Pfennigbeträge werden auf 10 Pfennige aufgerundet § 11/2.

II. Rechtsanwaltsgebühren in Strafsachen

§ 83 ff. BRAGebO.

A. Der Wahlverteidiger kann beanspruchen (§ 83):
(auch Beistand oder Vertreter eines Privatklägers, eines Nebenklägers — §§ 94, 95)

	1	2	3
I. **Im Verfahren 1. Instanz vor**	Schöffengericht, Jugendschöffengericht, Amtsrichter Jugendrichter	großer Strafkammer, Jugendkammer (soweit sich die Gebühr nicht nach Sp. 3 bestimmt	Oberlandesgericht, Schwurgericht, Jugendkammer (unter den Voraussetzungen des § 83 Abs. 1 Ziff. 1)
	50—600 DM	60—720 DM	100—1200 DM (§ 83/1)
wenn die Verhandlung mehrere Tage dauert, für jeden weiteren Tag	50—180 DM	60—240 DM	100— 360 DM (§ 83/2)
wenn nur im Verfahren bis zum Beginn der Hauptverhandlung tätig	25—300 DM	30—360 DM	50— 600 DM (§ 84/1)

II. **Im Berufungsverfahren** vor	kleiner Strafkammer 50—600 DM	großer Strafkammer, Jugendkammer 60—720 DM (§ 85/1)
wenn die Verhandlung mehrere Tage dauert, für jeden weiteren Tag	50—180 DM	60—240 DM (§ 85/2)

III. **Im Revisionsverfahren** vor	Oberlandesgericht 60—720 DM	Bundesgerichtshof 100—1200 DM (§ 86/1)
wenn die Verhandlung mehrere Tage dauert, für jeden weiteren Tag	60—240 DM	100— 360 DM (§ 86/2)
und wenn im 1. Rechtszug der Amtsrichter als Einzelrichter, ausgenommen als Jugendrichter, entschieden hat	50—600 DM	
wenn die Verhandlung mehrere Tage dauert, für jeden weiteren Tag	50—180 DM.	

In den Fällen der §§ 85, 86 erhält der RA die Hälfte der Sätze, wenn er nur außerhalb des Berufungs- oder Revisionsverfahren tätig war oder eine Hauptverhandlung vor dem Berufungs- oder Revisionsgericht nicht stattfindet (§§ 85/3, 86/3).

Für Anfertigung oder Unterzeichnung eines Antrags auf Wiederaufnahme des Verfahrens und für die Vertretung in diesen Verfahren die Sätze des § 84 (§ 90)

Einlegung eines Rechtmittels, Anträge, Gesuche . . . . 5—180 DM

Berufungsbegründung oder Beantwortung . . . . 25—300 DM

Revisionsbegründung oder Beantwortung (§ 91) . . . . 40—480 DM

Gnadengesuch (§ 93) — neben den Gebühren für die Verteidigung . . . . 20—240 DM
— nicht für Pflichtverteidiger —

II. Strafsachen

Im Privatklageverfahren erhält der RA die gleichen Sätze wie bei der Verteidigung, also nach §§ 83—93 (§ 94/1). Keine Erhöhung durch Widerklage (§ 94/2).

Für Mitwirkung bei Abschluß eines Vergleichs 10—120 DM (§ 94/3).

Für Anfertigung der Privatklage (ohne Vertretung) 25—300 DM (§ 94/4).

Für Tätigkeit in einem Sühneversuch nach § 380 StPO 10—120 DM und für Mitwirkung bei einer Einigung in diesem Verfahren weitere 10—120 DM (§ 94/5)

Für die Tätigkeit als Beistand oder Vertreter eines Nebenklägers die Sätze der §§ 83—93 (§ 95).

Für die Tätigkeit im Verfahren nach dem Gesetz über die innerdeutsche Rechts- und Amtshilfe

	vor dem Generalstaatsanwalt	25—300 DM
	vor dem Oberlandesgericht	25—600 DM

(Art. X § 10 d. Ges. v. 26. 7. 57 BGBl. I S. 933).

Bei Vertretung mehrerer Beschuldigter durch einen gemeinschaftlichen Verteidiger erhöhen sich sämtliche Mindest- und Höchstsätze um die Hälfte (§ 6/1 Satz 2).
Gebührenvereinbarungen in Strafsachen wie bei bürgerlichen Rechtsstreitigkeiten (§ 3).
Herabsetzung einer unangemessen hohen vereinbarten oder Rahmengebühr (§ 3/3).

B. Gebühren des amtlich bestellten Verteidigers:

Der amtlich bestellte Verteidiger (und der dem Privatkläger oder Nebenkläger beigeordnete RA — § 102 —) erhält aus der Staatskasse das Eineinhalbfache der Mindestsätze der Rahmengebühr des Wahlverteidigers (§ 97); sie erhöhen sich um eine weitere Gebühr in Höhe des Eineinhalbfachen der Mindestsätze des § 84, wenn er bereits vor Eröffnung des Hauptverfahrens tätig ist, unabhängig vom Zeitpunkt seiner Bestellung (§ 97/1 Satz 2).

Bei Strafsachen von außergewöhnlichem Umfang können erhöhte Pauschalvergütungen bewilligt werden (§ 99).

Auf Antrag des RA Festsetzung der Gebühren durch den UrkB der Geschäftsstelle des Gerichts der 1. Instanz (§ 98/1).

Der bestellte Verteidiger kann von dem Beschuldigten die Zahlung der Gebühren des Wahlverteidigers verlangen (§ 100/1), sobald das Gericht auf Antrag des RA feststellt, daß der Angeklagte ohne Beeinträchtigung des für ihn und seine Familie notwendigen Unterhalts zur Zahlung in der Lage ist (§ 100/2); er kann jedoch keinen Vorschuß fordern (§ 100/1).

Geändert nach dem OWiG vom 24. 5. 68

C. Gebühren in Bußgeldverfahren, Disziplinarverfahren und Auslieferungssachen.

zu a) i. d. F. des Gesetzes vom 24. 5. 1968 — BGBl. I S. 503.

Der Rechtsanwalt erhält:

a) Im Bußgeldverfahren nach dem Gesetz über Ordnungswidrigkeiten vom 24. 5. 1968 — BGBl. I S. 481 —

1. im Verfahren vor der Verwaltungsbehörde . . . . . . 25— 300 DM (§ 105/1)

   Im übrigen gelten die Vorschriften des Abschnitts VI BRAGebo sinngemäß . . . . (§ 105/2)

2. Die Gebühr nach Ziffer 1) ist auf eine weitere nach § 83 oder § 84 anfallende Gebühr anzurechnen. . . . . . . (§ 105/3)

b) im förmlichen Disziplinarverfahren

1. im ersten Rechtszug . . . . 60— 720 DM (§ 109/2)
2. im zweiten Rechtszug. . . . . 70— 840 DM

c) im Disziplinarverfahren vor dem Dienstvorgesetzten	25— 300 DM (§ 109/3, 4)
im Verfahren über eine Beschwerde, eine weitere Beschwerde und im Verfahren auf gerichtl. Entscheidung	25— 600 DM (§ 109,4)
d) im gerichtlichen Verfahren bei Freiheitsentziehungen	25— 300 DM (§ 112/1)
im Verfahren über die Fortdauer der Freiheitsentziehung	15— 180 DM (§ 112/2)
bei Beschränkung der Tätigkeit in diesen Verfahren auf Einlegung von Rechtsmitteln, Anfertigung von Anträgen usw.	5— 180 DM (§ 112/3)
Ist der Rechtsanwalt vom Gericht beigeordnet worden, so erhält er das Eineinhalbfache der in den Absätzen 1, 2 und 3 bestimmten Mindestgebühren aus der Staatskasse; § 97 Abs. 2, §§ 93 bis 101, 103 gelten sinngemäß (§ 112/4).	
e) in Auslieferungssachen (§§ 32, 33, 38/2 des Deutschen Auslieferungsgesetzes) erhält der RA	
für die Beistandsleistung.	50— 600 DM (§ 106/1)
für die Beistandsleistung in einer mündlichen Verhandlung	100—1200 DM (§ 106/2)
erstreckt sich die Verhandlung über einen Kalendertag hinaus, erhält der RA für jeden weiteren Tag	100— 360 DM (§ 106/2)
ist er dem Verfolgten beigeordnet, aus der Staatskasse für jeden Verhandlungstag	180 DM (§ 107)
wenn keine mündliche Verhandlung stattfindet	90 DM (§ 107)

III. Hebegebühr

nach § 22 der Bundesgebührenordnung für Rechtsanwälte

und

§ 149 der Kostenordnung in der Fassung vom 26. 7. 1957 BGBl. I S. 861

Die Hebegebühr beträgt bei Beträgen

bis zu 1000 DM einschl. . . . . 1 v. H.
von dem Mehrbetrage bis zu 10000 DM einschl. . . . . 0,6 v. H.
von dem Mehrbetrage über 10000 DM . . . . 0,3 v. H.

Die Gebühr ist bei der Auszahlung oder Rückzahlung zu erheben. Bei Auszahlung in Teilbeträgen ist sie von jedem Teilbetrag zu berechnen.

Wert bis einschl. DM	Hebegebühr DM	Wert bis einschl. DM	Hebegebühr DM	Wert bis einschl. DM	Hebegebühr DM	Wert bis einschl. DM	Hebegebühr DM
100,–	1,–	400,–	4,–	700,–	7,–	1000,–	10,–
110,–	1,10	410,–	4,10	710,–	7,10	1016,66	10,10
120,–	1,20	420,–	4,20	720,–	7,20	1033,33	10,20
130,–	1,30	430,–	4,30	730,–	7,30	1050,–	10,30
140,–	1,40	440,–	4,40	740,–	7,40	1066,66	10,40
150,–	1,50	450,–	4,50	750,–	7,50	1083,33	10,50
160,–	1,60	460,–	4,60	760,–	7,60	1100,–	10,60
170,–	1,70	470,–	4,70	770,–	7,70	1116,66	10,70
180,–	1,80	480,–	4,80	780,–	7,80	1133,33	10,80
190,–	1,90	490,–	4,90	790,–	7,90	1150,–	10,90
200,–	2,–	500,–	5,–	800,–	8,–	1166,66	11,–
210,–	2,10	510,–	5,10	810,–	8,10	1183,33	11,10
220,–	2,20	520,–	5,20	820,–	8,20	1200,–	11,20
230,–	2,30	530,–	5,30	830,–	8,30	1216,66	11,30
240,–	2,40	540,–	5,40	840,–	8,40	1233,33	11,40
250,–	2,50	550,–	5,50	850,–	8,50	1250,–	11,50
260,–	2,60	560,–	5,60	860,–	8,60	1266,66	11,60
270,–	2,70	570,–	5,70	870,–	8,70	1283,33	11,70
280,–	2,80	580,–	5,80	880,–	8,80	1300,–	11,80
290,–	2,90	590,–	5,90	890,–	8,90	1316,66	11,90
300,–	3,–	600,–	6,–	900,–	9,–	1333,33	12,–
310,–	3,10	610,–	6,10	910,–	9,10	1350,–	12,10
320,–	3,20	620,–	6,20	920,–	9,20	1366,66	12,20
330,–	3,30	630,–	6,30	930,–	9,30	1383,33	12,30
340,–	3,40	640,–	6,40	940,–	9,40	1400,–	12,40
350,–	3,50	650,–	6,50	950,–	9,50	1416,66	12,50
360,–	3,60	660,–	6,60	960,–	9,60	1433,33	12,60
370,–	3,70	670,–	6,70	970,–	9,70	1450,–	12,70
380,–	3,80	680,–	6,80	980,–	9,80	1466,66	12,80
390,–	3,90	690,–	6,90	990,–	9,90	1483,33	12,90

III. Hebegebühr

Wert bis einschl. DM	Hebegebühr DM	Wert bis einschl. DM	Hebegebühr DM	Wert bis einschl. DM	Hebegebühr DM	Wert bis einschl. DM	Hebegebühr DM
1500,–	13,–	2083,33	16,50	2666,66	20,–	3250,–	23,50
1516,66	13,10	2100,–	16,60	2683,33	20,10	3266,66	23,60
1533,33	13,20	2116,66	16,70	2700,–	20,20	3283,33	23,70
1550,–	13,30	2133,33	16,80	2716,66	20,30	3300,–	23,80
1566,66	13,40	2150,–	16,90	2733,33	20,40	3316,66	23,90
1583,33	13,50	2166,66	17,–	2750,–	20,50	3333,33	24,–
1600,–	13,60	2183,33	17,10	2766,66	20,60	3350,–	24,10
1616,66	13,70	2200,–	17,20	2783,33	20,70	3366,66	24,20
1633,33	13,80	2216,66	17,30	2800,–	20,80	3383,33	24,30
1650,–	13,90	2233,33	17,40	2816,66	20,90	3400,–	24,40
1666,66	14,–	2250,–	17,50	2833,33	21,–	3416,66	24,50
1683,33	14,10	2266,66	17,60	2850,–	21,10	3433,33	24,60
1700,–	14,20	2283,33	17,70	2866,66	21,20	3450,–	24,70
1716,66	14,30	2300,–	17,80	2883,33	21,30	3466,66	24,80
1733,33	14,40	2316,66	17,90	2900,–	21,40	3483,33	24,90
1750,–	14,50	2333,33	18,–	2916,66	21,50	3500,–	25,–
1766,66	14,60	2350,–	18,10	2933,33	21,60	3516,66	25,10
1783,33	14,70	2366,66	18,20	2950,–	21,70	3533,33	25,20
1800,–	14,80	2383,33	18,30	2966,66	21,80	3550,–	25,30
1816,66	14,90	2400,–	18,40	2983,33	21,90	3566,66	25,40
1833,33	15,–	2416,66	18,50	3000,–	22,–	3583,33	25,50
1850,–	15,10	2433,33	18,60	3016,66	22,10	3600,–	25,60
1866,66	15,20	2450,–	18,70	3033,33	22,20	3616,66	25,70
1883,33	15,30	2466,66	18,80	3050,–	22,30	3633,33	25,80
1900,–	15,40	2483,33	18,90	3066,66	22,40	3650,–	25,90
1916,66	15,50	2500,–	19,–	3083,33	22,50	3666,66	26,–
1933,33	15,60	2516,66	19,10	3100,–	22,60	3683,33	26,10
1950,–	15,70	2533,33	19,20	3116,66	22,70	3700,–	26,20
1966,66	15,80	2550,–	19,30	3133,33	22,80	3716,66	26,30
1983,33	15,90	2566,66	19,40	3150,–	22,90	3733,33	26,40
2000,–	16,–	2583,33	19,50	3166,66	23,–	3750,–	26,50
2016,66	16,10	2600,–	19,60	3183,33	23,10	3766,66	26,60
2033,33	16,20	2616,66	19,70	3200,–	23,20	3783,33	26,70
2050,–	16,30	2633,33	19,80	3216,66	23,30	3800,–	26,80
2066,66	16,40	2650,–	19,90	3233,33	23,40	3816,66	26,90

III. Hebegebühr

Wert bis einschl. DM	Hebegebühr DM	Wert bis einschl. DM	Hebegebühr DM	Wert bis einschl. DM	Hebegebühr DM	Wert bis einschl. DM	Hebegebühr DM
3833,33	27,–	4416,66	30,50	5000,–	34,–	5583,33	37,50
3850,–	27,10	4433,33	30,60	5016,66	34,10	5600,–	37,60
3866,66	27,20	4450,–	30,70	5033,33	34,20	5616,66	37,70
3883,33	27,30	4466,66	30,80	5050,–	34,30	5633,33	37,80
3900,–	27,40	4483,33	30,90	5066,66	34,40	5650,–	37,90
3916,66	27,50	4500,–	31,–	5083,33	34,50	5666,66	38,–
3933,33	27,60	4516,66	31,10	5100,–	34,60	5683,33	38,10
3950,–	27,70	4533,33	31,20	5116,66	34,70	5700,–	38,20
3966,66	27,80	4550,–	31,30	5133,33	34,80	5716,66	38,30
3983,33	27,90	4566,66	31,40	5150,–	34,90	5733,33	38,40
4000,–	28,–	4583,33	31,50	5166,66	35,–	5750,–	38,50
4016,66	28,10	4600,–	31,60	5183,33	35,10	5766,66	38,60
4033,33	28,20	4616,66	31,70	5200,–	35,20	5783,33	38,70
4050,–	28,30	4633,33	31,80	5216,66	35,30	5800,–	38,80
4066,66	28,40	4650,–	31,90	5233,33	35,40	5816,66	38,90
4083,33	28,50	4666,66	32,–	5250,–	35,50	5833,33	39,–
4100,–	28,60	4683,33	32,10	5266,66	35,60	5850,–	39,10
4116,66	28,70	4700,–	32,20	5283,33	35,70	5866,66	39,20
4133,33	28,80	4716,66	32,30	5300,–	35,80	5883,33	39,30
4150,–	28,90	4733,33	32,40	5316,66	35,90	5900,–	39,40
4166,66	29,–	4750,–	32,50	5333,33	36,–	5916,66	39,50
4183,33	29,10	4766,66	32,60	5350,–	36,10	5933,33	39,60
4200,–	29,20	4783,33	32,70	5366,66	36,20	5950,–	39,70
4216,66	29,30	4800,–	32,80	5383,33	36,30	5966,66	39,80
4233,33	29,40	4816,66	32,90	5400,–	36,40	5983,33	39,90
4250,–	29,50	4833,33	33,–	5416,66	36,50	6000,–	40,–
4266,66	29,60	4850,–	33,10	5433,33	36,60	6016,66	40,10
4283,33	29,70	4866,66	33,20	5450,–	36,70	6033,33	40,20
4300,–	29,80	4883,33	33,30	5466,66	36,80	6050,–	40,30
4316,66	29,90	4900,–	33,40	5483,33	36,90	6066,66	40,40
4333,33	30,–	4916,66	33,50	5500,–	37,–	6083,33	40,50
4350,–	30,10	4933,33	33,60	5516,66	37,10	6100,–	40,60
4366,66	30,20	4950,–	33,70	5533,33	37,20	6116,66	40,70
4383,33	30,30	4966,66	33,80	5550,–	37,30	6133,33	40,80
4400,–	30,40	4983,33	33,90	5566,66	37,40	6150,–	40,90

III. Hebegebühr

Wert bis einschl. DM	Hebegebühr DM	Wert bis einschl. DM	Hebegebühr DM	Wert bis einschl. DM	Hebegebühr DM	Wert bis einschl. DM	Hebegebühr DM
6166,66	41,—	6750,—	44,50	7333,33	48,—	7916,66	51,50
6183,33	41,10	6766,66	44,60	7350,—	48,10	7933,33	51,60
6200,—	41,20	6783,33	44,70	7366,66	48,20	7950,—	51,70
6216,66	41,30	6800,—	44,80	7383,33	48,30	7966,66	51,80
6233,33	41,40	6816,66	44,90	7400,—	48,40	7983,33	51,90
6250,—	41,50	6833,33	45,—	7416,66	48,50	8000,—	52,—
6266,66	41,60	6850,—	45,10	7433,33	48,60	8016,66	52,10
6283,33	41,70	6866,66	45,20	7450,—	48,70	8033,33	52,20
6300,—	41,80	6883,33	45,30	7466,66	48,80	8050,—	52,30
6316,66	41,90	6900,—	45,40	7483,33	48,90	8066,66	52,40
6333,33	42,—	6916,66	45,50	7500,—	49,—	8083,33	52,50
6350,—	42,10	6933,33	45,60	7516,66	49,10	8100,—	52,60
6366,66	42,20	6950,—	45,70	7533,33	49,20	8116,66	52,70
6383,33	42,30	6966,66	45,80	7550,—	49,30	8133,33	52,80
6400,—	42,40	6983,33	45,90	7566,66	49,40	8150,—	52,90
6416,66	42,50	7000,—	46,—	7583,33	49,50	8166,66	53,—
6433,33	42,60	7016,66	46,10	7600,—	49,60	8183,33	53,10
6450,—	42,70	7033,33	46,20	7616,66	49,70	8200,—	53,20
6466,66	42,80	7050,—	46,30	7633,33	49,80	8216,66	53,30
6483,33	42,90	7066,66	46,40	7650,—	49,90	8233,33	53,40
6500,—	43,—	7083,33	46,50	7666,66	50,—	8250,—	53,50
6516,66	43,10	7100,—	46,60	7683,33	50,10	8266,66	53,60
6533,33	43,20	7116,66	46,70	7700,—	50,20	8283,33	53,70
6550,—	43,30	7133,33	46,80	7716,66	50,30	8300,—	53,80
6566,66	43,40	7150,—	46,90	7733,33	50,40	8316,66	53,90
6583,33	43,50	7166,66	47,—	7750,—	50,50	8333,33	54,—
6600,—	43,60	7183,33	47,10	7766,66	50,60	8350,—	54,10
6616,66	43,70	7200,—	47,20	7783,33	50,70	8366,66	54,20
6633,33	43,80	7216,66	47,30	7800,—	50,80	8383,33	54,30
6650,—	43,90	7233,33	47,40	7816,66	50,90	8400,—	54,40
6666,66	44,—	7250,—	47,50	7833,33	51,—	8416,66	54,50
6683,33	44,10	7266,66	47,60	7850,—	51,10	8433,33	54,60
6700,—	44,20	7283,33	47,70	7866,66	51,20	8450,—	54,70
6716,66	44,30	7300,—	47,80	7883,33	51,30	8466,66	54,80
6733,33	44,40	7316,66	47,90	7900,—	51,40	8483,33	54,90

III. Hebegebühr

Wert bis einschl. DM	Hebegebühr DM	Wert bis einschl. DM	Hebegebühr DM	Wert bis einschl. DM	Hebegebühr DM	Wert bis einschl. DM	Hebegebühr DM
8500,–	55,–	8883,33	57,30	9266,66	59,60	9650,–	61,90
8516,66	55,10	8900,–	57,40	9283,33	59,70	9666,66	62,–
8533,33	55,20	8916,66	57,50	9300,–	59,80	9683,33	62,10
8550,–	55,30	8933,33	57,60	9316,66	59,90	9700,–	62,20
8566,66	55,40	8950,–	57,70	9333,33	60,–	9716,66	62,30
8583,33	55,50	8966,66	57,80	9350,–	60,10	9733,33	62,40
8600,–	55,60	8983,33	57,90	9366,66	60,20	9750,–	62,50
8616,66	55,70	9000,–	58,–	9383,33	60,30	9766,66	62,60
8633,33	55,80	9016,66	58,10	9400,–	60,40	9783,33	62,70
8650,–	55,90	9033,33	58,20	9416,66	60,50	9800,–	62,80
8666,66	56,–	9050,–	58,30	9433,33	60,60	9816,66	62,90
8683,33	56,10	9066,66	58,40	9450,–	60,70	9833,33	63,–
8700,–	56,20	9083,33	58,50	9466,66	60,80	9850,–	63,10
8716,66	56,30	9100,–	58,60	9483,33	60,90	9866,66	63,20
8733,33	56,40	9116,66	58,70	9500,–	61,–	9883,33	63,30
8750,–	56,50	9133,33	58,80	9516,66	61,10	9900,–	63,40
8766,66	56,60	9150,–	58,90	9533,33	61,20	9916,66	63,50
8783,33	56,70	9166,66	59,–	9550,–	61,30	9933,33	63,60
8800,–	56,80	9183,33	59,10	9566,66	61,40	9950,–	63,70
8816,66	56,90	9200,–	59,20	9583,33	61,50	9966,66	63,80
8833,33	57,–	9216,66	59,30	9600,–	61,60	9983,33	63,90
8850,–	57,10	9233,33	59,40	9616,66	61,70	10000,–	64,–
8866,66	57,20	9250,–	59,50	9633,33	61,80		

bei Mehrbeträgen über 10000,– DM = 0,3% + 34,– DM,
z. B. 12000,– DM = 0,3% von 12000,– DM = 36,– DM
\+ 34,– DM
70,– DM

oder

1,0% von 1000,– DM = 10,– DM
0,6% von 9000,– DM = 54,– DM
0,3% von 2000,– DM = 6,– DM
70,– DM.

45000,– DM = 0,3% von 45000,– DM = 135,– DM
\+ 34,– DM
169,– DM

oder

1,0% von 1000,– DM = 10,– DM
0,6% von 9000,– DM = 54,– DM
0,3% von 35000,– DM = 105,– DM
169,– DM.

IV. Gerichtskosten in der streitigen Gerichtsbarkeit

nach § 10 des Deutschen Gerichtskostengesetzes
in der Fassung des Gesetzes vom 26. 7. 1957 (BGBl. I S. 861)

Gültig ab 1. 10. 1957

Streitwert bis einschl. DM	10/10 DM	6/10 DM	5/10 DM	1/4 DM	3/10 DM	2/10 DM	1/10 DM	1 1/2-fache DM
50	3	3	3	3	3	3	3	4,50
100	4	3	3	3	3	3	3	6
150	6	3,60	3	3	3	3	3	9
200	8	4,80	4	3	3	3	3	12
300	12	7,20	6	3	3,60	3	3	18
400	16	9,60	8	4	4,80	3,20	3	24
500	20	12	10	5	6	4	3	30
600	24	14,40	12	6	7,20	4,80	3	36
700	27	16,20	13,50	6,80	8,10	5,40	3	40,50
800	30	18	15	7,50	9	6	3	45
900	33	19,80	16,50	8,30	9,90	6,60	3,30	49,50
1000	36	21,60	18	9	10,80	7,20	3,60	54
1100	39	23,40	19,50	9,80	11,70	7,80	3,90	58,50
1200	42	25,20	21	10,50	12,60	8,40	4,20	63
1300	45	27	22,50	11,30	13,50	9	4,50	67,50
1400	48	28,80	24	12	14,40	9,60	4,80	72
1500	51	30,60	25,50	12,80	15,30	10,20	5,10	76,50
1600	54	32,40	27	13,50	16,20	10,80	5,40	81
1700	57	34,20	28,50	14,30	17,10	11,40	5,70	85,50
1800	59	35,40	29,50	14,80	17,70	11,80	5,90	88,50
1900	61	36,60	30,50	15,30	18,30	12,20	6,10	91,50
2000	63	37,80	31,50	15,80	18,90	12,60	6,30	94,50
2300	67	40,20	33,50	16,80	20,10	13,40	6,70	100,50
2600	71	42,60	35,50	17,80	21,30	14,20	7,10	106,50
2900	75	45	37,50	18,80	22,50	15	7,50	112,50
3200	79	47,40	39,50	19,80	23,70	15,80	7,90	118,50
3500	83	49,80	41,50	20,80	24,90	16,60	8,30	124,50
3800	87	52,20	43,50	21,80	26,10	17,40	8,70	130,50
4100	91	54,60	45,50	22,80	27,30	18,20	9,10	136,50
4400	95	57	47,50	23,80	28,50	19	9,50	142,50
4700	99	59,40	49,50	24,80	29,70	19,80	9,90	148,50
5000	103	61,80	51,50	25,80	30,90	20,60	10,30	154,50

IV. Gerichtskosten

Streitwert bis einschl. DM	$^{10}/_{10}$ DM	$^{6}/_{10}$ DM	$^{5}/_{10}$ DM	$^{1}/_{4}$ DM	$^{3}/_{10}$ DM	$^{2}/_{10}$ DM	$^{1}/_{10}$ DM	$1^{1}/_{2}$-fache DM
5400	108	64,80	54	27	32,40	21,60	10,80	162
5800	113	67,80	56,50	28,30	33,90	22,60	11,30	169,50
6200	118	70,80	59	29,50	35,40	23,60	11,80	177
6600	123	73,80	61,50	30,80	36,90	24,60	12,30	184,50
7000	128	76,80	64	32	38,40	25,60	12,80	192
7400	133	79,80	66,50	33,30	39,90	26,60	13,30	199,50
7800	138	82,80	69	34,50	41,40	27,60	13,80	207
8200	143	85,80	71,50	35,80	42,90	28,60	14,30	214,50
8600	148	88,80	74	37	44,40	29,60	14,80	222
9000	153	91,80	76,50	38,30	45,90	30,60	15,30	229,50
9500	158	94,80	79	39,50	47,40	31,60	15,80	237
10000	163	97,80	81,50	40,80	48,90	32,60	16,30	244,50
10800	168	100,80	84	42	50,40	33,60	16,80	252
11600	173	103,80	86,50	43,30	51,90	34,60	17,30	259,50
12400	178	106,80	89	44,50	53,40	35,60	17,80	267
13200	183	109,80	91,50	45,80	54,90	36,60	18,30	274,50
14000	188	112,80	94	47	56,40	37,60	18,80	282
14800	193	115,80	96,50	48,30	57,90	38,60	19,30	289,50
15600	198	118,80	99	49,50	59,40	39,60	19,80	297
16400	203	121,80	101,50	50,80	60,90	40,60	20,30	304,50
17200	208	124,80	104	52	62,40	41,60	20,80	312
18000	213	127,80	106,50	53,30	63,90	42,60	21,30	319,50
18800	218	130,80	109	54,50	65,40	43,60	21,80	327
19600	223	133,80	111,50	55,80	66,90	44,60	22,30	334,50
20400	228	136,80	114	57	68,40	45,60	22,80	342
21200	233	139,80	116,50	58,30	69,90	46,60	23,30	349,50
22000	238	142,80	119	59,50	71,40	47,60	23,80	357
22800	243	145,80	121,50	60,80	72,90	48,60	24,30	364,50
23600	248	148,80	124	62	74,40	49,60	24,80	372
24400	253	151,80	126,50	63,30	75,90	50,60	25,30	379,50
25200	258	154,80	129	64,50	77,40	51,60	25,80	387
26000	263	157,80	131,50	65,80	78,90	52,60	26,30	394,50
26800	268	160,80	134	67	80,40	53,60	26,80	402
27600	273	163,80	136,50	68,30	81,90	54,60	27,30	409,50
28400	278	166,80	139	69,50	83,40	55,60	27,80	417

IV. Gerichtskosten

Streitwert bis einschl. DM	$^{10}/_{10}$ DM	$^{6}/_{10}$ DM	$^{5}/_{10}$ DM	$^{1}/_{4}$ DM	$^{3}/_{10}$ DM	$^{2}/_{10}$ DM	$^{1}/_{10}$ DM	$1^{1}/_{2}$-fache DM
29200	283	169,80	141,50	70,80	84,90	56,60	28,30	424,50
30000	288	172,80	144	72	86,40	57,60	28,80	432
30800	293	175,80	146,50	73,30	87,90	58,60	29,30	439,50
31600	298	178,80	149	74,50	89,40	59,60	29,80	447
32400	303	181,80	151,50	75,80	90,90	60,60	30,30	454,50
33200	308	184,80	154	77	92,40	61,60	30,80	462
34000	313	187,80	156,50	78,30	93,90	62,60	31,30	469,50
34800	318	190,80	159	79,50	95,40	63,60	31,80	477
35600	323	193,80	161,50	80,80	96,90	64,60	32,30	484,50
36400	328	196,80	164	82	98,40	65,60	32,80	492
37200	333	199,80	166,50	83,30	99,90	66,60	33,30	499,50
38000	338	202,80	169	84,50	101,40	67,60	33,80	507
38800	343	205,80	171,50	85,80	102,90	68,60	34,40	514,50
39600	348	208,80	174	87	104,40	69,60	34,80	522
40400	353	211,80	176,50	88,30	105,90	70,60	35,30	529,50
41200	358	214,80	179	89,50	107,40	71,60	35,80	537
42000	363	217,80	181,50	90,80	108,90	72,60	36,30	544,50
42800	368	220,80	184	92	110,40	73,60	36,80	552
43600	373	223,80	186,50	93,30	111,90	74,60	37,30	559,50
44400	378	226,80	189	94,50	113,40	75,60	37,80	567
45200	383	229,80	191,50	95,80	114,90	76,60	38,30	574,50
46000	388	232,80	194	97	116,40	77,60	38,80	582
46800	393	235,80	196,50	98,30	117,90	78,60	39,30	589,50
47600	398	238,80	199	99,50	119,40	79,60	39,80	597
48400	403	241,80	201,50	100,80	120,90	80,60	40,30	604,50
49200	408	244,80	204	102	122,40	81,60	40,80	612
50000	413	247,80	206,50	103,30	123,90	82,60	41,30	619,50

steigend bei Werten über 50000 DM für je 1000 DM $^{10}/_{10}$ um 6 DM oder
— von den auf volle 1000 DM aufgerundeten Werten —

	0,6% +113	0,36% + 67,80	0,3% + 56,80	0,15% + 28,30	0,18% + 33,90	0,12% + 22,60	0,06% + 11,30	0,9% +169,50
51000	419	251,40	209,50	104,80	125,70	83,80	41,90	628,50
52000	425	255	212,50	106,30	127,50	85	42,50	637,50
53000	431	258,60	215,50	107,80	129,30	86,20	43,10	646,50
54000	437	262,20	218,50	109,30	131,10	87,40	43,70	655,50
55000	443	265,80	221,50	110,80	132,90	88,60	44,30	664,50

IV. Gerichtskosten

Streitwert bis einschl. DM	$^{10}/_{10}$ DM	$^{6}/_{10}$ DM	$^{5}/_{10}$ DM	$^{1}/_{4}$ DM	$^{3}/_{10}$ DM	$^{2}/_{10}$ DM	$^{1}/_{10}$ DM	$1^{1}/_{2}$-fache DM
56000	449	269,40	224,50	112,30	134,70	89,80	44,90	673,50
57000	455	273	227,50	113,80	136,50	91	45,50	682,50
58000	461	276,60	230,50	115,30	138,30	92,20	46,10	691,50
59000	467	280,20	233,50	116,80	140,10	93,40	46,70	700,50
60000	473	283,80	236,50	118,30	141,90	94,60	47,30	709,50
61000	479	287,40	239,50	119,80	143,70	95,80	47,90	718,50
62000	485	291	242,50	121,30	145,50	97	48,50	727,50
63000	491	294,60	245,50	122,80	147,30	98,20	49,10	736,50
64000	497	298,20	248,50	124,30	149,10	99,40	49,70	745,50
65000	503	301,80	251,50	125,80	150,90	100,60	50,30	754,50
66000	509	305,40	254,50	127,30	152,70	101,80	50,90	763,50
67000	515	309	257,50	128,80	154,50	103	51,50	772,50
68000	521	312,60	260,50	130,30	156,30	104,20	52,10	781,50
69000	527	316,20	263,50	131,80	158,10	105,40	52,70	790,50
70000	533	319,80	266,50	133,30	159,90	106,60	53,30	799,50
71000	539	323,40	269,50	134,80	161,70	107,80	53,90	808,50
72000	545	327	272,50	136,30	163,50	109	54,50	817,50
73000	551	330,60	275,50	137,80	165,30	110,20	55,10	826,50
74000	557	334,20	278,50	139,30	167,10	111,40	55,70	835,50
75000	563	337,80	281,50	140,80	168,90	112,60	56,30	844,50
76000	569	341,40	284,50	142,30	170,70	113,80	56,90	853,50
77000	575	345	287,50	143,80	172,50	115	57,50	862,50
78000	581	348,60	290,50	145,30	174,30	116,20	58,10	871,50
79000	587	352,20	293,50	146,80	176,10	117,40	58,70	880,50
80000	593	355,80	296,50	148,30	177,90	118,60	59,30	889,50
81000	599	359,40	299,50	149,80	179,70	119,80	59,90	898,50
82000	605	363	302,50	151,30	181,50	121	60,50	907,50
83000	611	366,60	305,50	152,80	183,30	122,20	61,10	916,50
84000	617	370,20	308,50	154,30	185,10	123,40	61,70	925,57
85000	623	373,80	311,50	155,80	186,90	124,60	62,30	934,50
86000	629	377,40	314,50	157,30	188,70	125,80	62,90	943,50
87000	635	381	317,50	158,80	190,50	127	63,50	952,50
88000	641	384,60	320,50	160,30	192,30	128,20	64,10	961,50
89000	647	388,20	323,50	161,80	194,10	129,40	64,70	970,50
90000	653	391,80	326,50	163,30	195,90	130,60	65,30	979,50

IV. Gerichtskosten

Streitwert bis einschl. DM	$^{10}/_{10}$ DM	$^{6}/_{10}$ DM	$^{5}/_{10}$ DM	$^{1}/_{4}$ DM	$^{3}/_{10}$ DM	$^{2}/_{10}$ DM	$^{1}/_{10}$ DM	$1^{1}/_{2}$-fache DM
91000	659	395,40	329,50	164,80	197,70	131,80	65,90	988,50
92000	665	399	332,50	166,30	199,50	133	66,50	997,50
93000	671	402,60	335,50	167,80	201,30	134,20	67,10	1006,50
94000	677	406,20	338,50	169,30	203,10	135,40	67,70	1015,50
95000	683	409,80	341,50	170,80	204,90	136,60	68,30	1024,50
96000	689	413,40	344,50	172,30	206,70	137,80	68,90	1033,50
97000	695	417	347,50	173,80	208,50	139	69,50	1042,50
98000	701	420,60	350,50	175,30	210,30	140,20	70,10	1051,50
99000	707	424,20	353,50	176,80	212,10	141,40	70,70	1060,50
100000	713	427,80	356,50	178,30	213,90	142,60	71,30	1069,50
steigend für je 1000 DM $^{10}/_{10}$ um 6 DM oder — von den auf volle 1000 DM aufgerundeten Werten —								
	0,6% +113	0,36% + 67,80	0,3% + 56,50	0,15% + 28,30	0,18% + 33,90	0,12% + 22,60	0,06% + 11,30	0,9% + 169,50
z. B. 153800 = 154000	1037	622,20	518,50	259,30	311,10	207,40	103,70	1555,50
155200 = 156000	1049	629,40	524,50	262,30	314,70	209,80	104,90	1573,50

Bemerkungen zu vorstehender Tabelle und sonstige wichtige Bestimmungen des Deutschen Gerichtskostengesetzes

Mindestgebühr = 3 DM (§ 9); Pfennigbeträge sind auf volle 10 Pfg. aufzurunden (§ 9/2).

Es werden erhoben:

$^{10}/_{10}$ Prozeßgebühr, Beweisgebühr, Urteilsgebühr (§ 25), Zurückweisung des Antrags auf Ergänzung des Urteils (§ 32), Vollstreckbarkeitserklärung eines Schiedsspruchs (§ 37/2), Beschwerden (§ 46), Durchführung des Konkursverfahrens bei Rücknahme vor Ablauf der Anmeldefrist (§ 50/2), Wiederaufnahme des Konkursverfahrens (§ 56), Vergleichsverfahren (§ 57), Vollstreckbarerklärung ausländischer Schuldtitel (§ 37 a).

$^{6}/_{10}$ Erteilung des Zuschlags in der Zwangsversteig. (§ 61/3), Verteilungsverfahren in der Zwangsversteig. (§ 61/4), Verfahren der Zwangsverwaltung (§ 63).

$^{5}/_{10}$ Kostenbeschluß nach § 91a ZPO (§ 28) — im Falle des Arrests aber $^{1}/_{4}$ (§ 39/3) —, Verwerfung der Berufung als unzulässig (§ 36), Mahnverfahren (§ 38), Arreste und einstw. Verfügungen (§ 39), Beweissicherung (§ 40), Entmündigung (§ 40), Verteilungsverfahren (§ 40), Zwangsvollstreckungshandlungen aus §§ 887, 888, 890 ZPO (§ 40), Offenbarungseidverfahren (§ 40), Aufgebotsverfahren (§ 40), Schiedsrichterernennung (§ 40), einstw. Anordnung nach § 627 ZPO (§ 41), Eröffnung des Konkursverfahrens (§ 49), besonderer Prüfungstermin (§ 52).

$^{1}/_{4}$ bei Klagerücknahme nach Terminsbestimmung, aber vor mündl. Verhandlung (§ 35), Niederlegung von Schiedssprüchen (§ 37/1), Zwangsvollstreckungsanträge (§ 42), Vergleich der über den Gegenstand des Rechtsstreits hinausgeht (§ 44).

$^{3}/_{10}$ Anordnung und Beitritt zur Zwangsversteig. (§ 60), Verfahrensgebühr in der Zwangsversteig. und Zwangsverwalt. (§ 61), Abhaltung des Zwangsversteigerungstermins (§ 61/2).

$^{2}/_{10}$ Verwerfung von Beschwerden in der Zwangsversteig. und Zwangsverwalt. (§ 64).

$^{1}/_{10}$ Zurücknahme des Zwangsversteig.antrags vor Entscheidung (§ 60/4), Einstellung der Zwangsversteig. und Zwangsverwalt. (§ 61/1), Zurücknahme von Beschwerden in der Zwangsversteig. und Zwangsverwalt. (§ 64).

$^{30}/_{10}$ Durchführung des Konkursverfahrens (§ 50).

In der Berufungsinstanz erhöhen sich die Gebühren des § 25 um die Hälfte, in der Revisionsinstanz auf das Doppelte (§ 34).

Einsicht in Schuldnerverzeichnis 0,60 DM, schriftliche Auskunft aus demselben 1,20 DM (§ 40/3).

Gerichtsgebühren in Strafsachen und Privatklagen:

§ 70: Bei Verurteilung zu Freiheitsstrafe	bis zu 2 Wochen	20 DM
von mehr als 2 Wochen	bis zu 1 Monat	40 DM
von mehr als 1 Monat	bis zu 3 Monaten	60 DM
von mehr als 3 Monaten	bis zu 6 Monaten	100 DM
von mehr als 6 Monaten	bis zu 1 Jahr	150 DM
von mehr als 1 Jahr	bis zu 2 Jahren	200 DM
von mehr als 2 Jahren	bis zu 5 Jahren	300 DM
von mehr als 5 Jahren		500 DM

Bei Verurteilung zu Geldstrafe	bis zu 50 DM	5 DM
von mehr als 50 DM	bis zu 100 DM	10 DM
von mehr als 100 DM = 10% des Betrages der Strafe		höchstens 20000 DM

Die Gebühr darf den Betrag der Strafe nicht übersteigen.

§ 71: Bei Strafbefehlen die Hälfte der Gebühren des § 70.

§ 70/2: Straffreierklärung und Absehen von Strafe	5 DM
§ 70/3: Maßregeln zur Sicherung und Besserung	100 DM
Entziehung des Führerscheins	30 DM

Privatklage

§ 77: Bei Freisprechung oder Straffreierklärung	40 DM
§ 78: Bei Klagezurücknahme vor Hauptverhandlung	10 DM
Bei Klagezurücknahme nach Hauptverhandlung	20 DM

V. Gebühren für Gericht und Notare

V. Notariatsgebühren usw.

Nach der Kostenordnung in der Fassung des Gesetzes vom **26. 7. 1957** — BGBl. I, S. 861 —

Gültig ab 1. 10. 1957

Wert bis einschl. DM	$^{10}/_{10}$ DM	$^{20}/_{10}$ DM	$^{5}/_{10}$ DM	$^{1}/_{4}$ DM	Wert bis einschl. DM	$^{10}/_{10}$ DM	$^{20}/_{10}$ DM	$^{5}/_{10}$ DM	$^{1}/_{4}$ DM
50	3	6	3	3	steigend bei Werten über 100000 DM für je 10000 DM $^{10}/_{10}$ um 15 DM oder — von den auf volle 10000 DM aufgerundeten Werten —				
100	4	8	3	3					
200	5	10	3	3					
300	6	12	3	3					
500	7	14	3,50	3		0,15% +50	0,30% +100	0,075% +25	0,0375% +12,50
1000	10	20	5	3	110000	215	430	107,50	53,80
2000	15	30	7,50	3,80	120000	230	460	115	57,50
3000	20	40	10	5	130000	245	490	122,50	61,30
4000	25	50	12,50	6,30	140000	260	520	130	65
6000	30	60	15	7,50	150000	275	550	137,50	68,80
8000	35	70	17,50	8,80	160000	290	580	145	72,50
10000	40	80	20	10	170000	305	610	152,50	76,30
12000	45	90	22,50	11,30	180000	320	640	160	80
14000	50	100	25	12,50	190000	335	670	167,50	83,80
16000	55	110	27,50	13,80	200000	350	700	175	87,50
18000	60	120	30	15	210000	365	730	182,50	91,30
20000	65	130	32,50	16,30	220000	380	760	190	95
22000	70	140	35	17,50	230000	395	790	197,50	98,80
24000	75	150	37,50	18,80	240000	410	820	205	102,50
26000	80	160	40	20	250000	425	850	212,50	106,30
28000	85	170	42,50	21,30	260000	440	880	220	110
30000	90	180	45	22,50	270000	455	910	227,50	113,80
35000	100	200	50	25	280000	470	940	235	117,50
40000	110	220	55	27,50	290000	485	970	242,50	121,30
50000	125	250	62,50	31,30	300000	500	1000	250	125
60000	140	280	70	35	310000	515	1030	257,50	128,80
70000	155	310	77,50	38,80	320000	530	1060	265	132,50
80000	170	340	85	42,50	330000	545	1090	272,50	136,30
90000	185	370	92,50	46,30	340000	560	1120	280	140
100000	200	400	100	50	350000	575	1150	287,50	143,80

V. Notariatsgebühren

Wert bis einschl. DM	10/10 DM	20/10 DM	5/10 DM	1/4 DM	Wert bis einschl. DM	10/10 DM	20/10 DM	5/10 DM	1/4 DM
360000	590	1180	295	147,50	710000	1115	2230	557,50	278,80
370000	605	1210	302,50	151,30	720000	1130	2260	565	282,50
380000	620	1240	310	155	730000	1145	2290	572,50	286,30
390000	635	1270	317,50	158,80	740000	1160	2320	580	290
400000	650	1300	325	162,50	750000	1175	2350	587,50	293,80
410000	665	1330	332,50	166,30	760000	1190	2380	595	297,50
420000	680	1360	340	170	770000	1205	2410	602,50	301,30
430000	695	1390	347,50	173,80	780000	1220	2440	610	305
440000	710	1420	355	177,50	790000	1235	2470	617,50	308,80
450000	725	1450	362,50	181,30	800000	1250	2500	625	312,50
460000	740	1480	370	185	810000	1265	2530	632,50	316,30
470000	755	1510	377,50	188,80	820000	1280	2560	640	320
480000	770	1540	385	192,50	830000	1295	2590	647,50	323,80
490000	785	1570	392,50	196,30	840000	1310	2620	655	327,50
500000	800	1600	400	200	850000	1325	2650	662,50	331,30
510000	815	1630	407,50	203,80	860000	1340	2680	670	335
520000	830	1660	415	207,50	870000	1355	2710	677,50	338,80
530000	845	1690	422,50	211,30	880000	1370	2740	685	342,50
540000	860	1720	430	215	890000	1385	2770	692,50	346,30
550000	875	1750	437,50	218,80	900000	1400	2800	700	350
560000	890	1780	445	222,50	910000	1415	2830	707,50	353,80
570000	905	1810	452,50	226,30	920000	1430	2860	715	357,50
580000	920	1840	460	230	930000	1445	2890	722,50	361,30
590000	935	1870	467,50	233,80	940000	1460	2920	730	365
600000	950	1900	475	237,50	950000	1475	2950	737,50	368,80
610000	965	1930	482,50	241,30	960000	1490	2980	745	372,50
620000	980	1960	490	245	970000	1505	3010	752,50	376,30
630000	995	1990	497,50	248,80	980000	1520	3040	760	380
640000	1010	2020	505	252,50	990000	1535	3070	767,50	383,80
650000	1025	2050	512,50	256,30	1000000	1550	3100	775	387,50
660000	1040	2080	520	260	1010000	1565	3130	782,50	391,30
670000	1055	2110	527,50	263,80	1020000	1580	3160	790	395
680000	1070	2140	535	267,50	1030000	1595	3190	797,50	398,80
690000	1085	2170	542,50	271,30	1040000	1610	3220	805	402,50
700000	1100	2200	550	275	1050000	1625	3250	812,50	406,30

V. Notariatsgebühren

Wert bis einschl. DM	10/10 DM	20/10 DM	5/10 DM	1/4 DM	Wert bis einschl. DM	10/10 DM	20/10 DM	5/10 DM	1/4 DM
1060000	1640	3280	820	410	1410000	2165	4330	1082,50	541,30
1070000	1655	3310	827,50	413,80	1420000	2180	4360	1090	545
1080000	1670	3340	835	417,50	1430000	2195	4390	1097.50	548,80
1090000	1685	3370	842,50	421,30	1440000	2210	4420	1105	552,50
1100000	1700	3400	850	425	1450000	2225	4450	1112,50	556,30
1110000	1715	3430	857,50	428,80	1460000	2240	4480	1120	560
1120000	1730	3460	865	432,50	1470000	2255	4510	1127,50	563,80
1130000	1745	3490	872,50	436,30	1480000	2270	4540	1135	567,50
1140000	1760	3520	880	440	1490000	2285	4570	1142,50	571,30
1150000	1775	3550	887,50	443,80	1500000	2300	4600	1150	575
1160000	1790	3580	895	447,50	1510000	2315	4630	1157,50	578,80
1170000	1805	3610	902,50	451,30	1520000	2330	4660	1165	582,50
1180000	1820	3640	910	455	1530000	2345	4690	1172,50	586,30
1190000	1835	3670	917,50	458,80	1540000	2360	4720	1180	590
1200000	1850	3700	925	462,50	1550000	2375	4750	1187,50	593,80
1210000	1865	3730	932,50	466,30	1560000	2390	4780	1195	597,50
1220000	1880	3760	940	470	1570000	2405	4810	1202,50	601,30
1230000	1895	3790	947,50	473,80	1580000	2420	4840	1210	605
1240000	1910	3820	955	477,50	1590000	2435	4870	1217,50	608,80
1250000	1925	3850	962,50	481,30	1600000	2450	4900	1225	612,50
1260000	1940	3880	970	485	1610000	2465	4930	1232,50	616,30
1270000	1955	3910	977,50	488,80	1620000	2480	4960	1240	620
1280000	1970	3940	985	492,50	1630000	2495	4990	1247,50	623,80
1290000	1985	3970	992,50	496,30	1640000	2510	5020	1255	627,50
1300000	2000	4000	1000	500	1650000	2525	5050	1262,50	631,30
1310000	2015	4030	1007,50	503,80	1660000	2540	5080	1270	635
1320000	2030	4060	1015	507,50	1670000	2555	5110	1277,50	638,80
1330000	2045	4090	1022,50	511,30	1680000	2570	5140	1285	642,50
1340000	2060	4120	1030	515	1690000	2585	5170	1292,50	646,30
1350000	2075	4150	1037,50	518,80	1700000	2600	5200	1300	650
1360000	2090	4180	1045	522,50	1710000	2615	5230	1307,50	653,80
1370000	2105	4210	1052,50	526,30	1720000	2630	5260	1315	657,50
1380000	2120	4240	1060	530	1730000	2645	5290	1322,50	661,30
1390000	2135	4270	1067,50	533,80	1740000	2660	5320	1330	665
1400000	2150	4300	1075	537,50	1750000	2675	5350	1337,50	668,80

V. Notariatsgebühren

Wert bis einschl. DM	10/10 DM	20/10 DM	5/10 DM	1/4 DM
1760000	2690	5380	1345	672,50
1770000	2705	5410	1352,50	676,30
1780000	2720	5440	1360	680
1790000	2735	5470	1367,50	683,80
1800000	2750	5500	1375	687,50
1810000	2765	5530	1382,50	691,30
1820000	2780	5560	1390	695
1830000	2795	5590	1397,50	698,80
1840000	2810	5620	1405	702,50
1850000	2825	5650	1412,50	706,30
1860000	2840	5680	1420	710
1870000	2855	5710	1427,50	713,80
1880000	2870	5740	1435	717,50
1890000	2885	5770	1442,50	721,30
1900000	2900	5800	1450	725
1910000	2915	5830	1457,50	728,80
1920000	2930	5860	1465	732,50
1930000	2945	5890	1472,50	736,30
1940000	2960	5920	1480	740
1950000	2975	5950	1487,50	743,80
1960000	2990	5980	1495	747,50
1970000	3005	6010	1502,50	751,30
1980000	3020	6040	1510	755
1990000	3035	6070	1517,50	758,80
2000000	3050	6100	1525	762,50
2010000	3065	6130	1532,50	766,30
2020000	3080	6160	1540	770
2030000	3095	6190	1547,50	773,80
2040000	3110	6220	1555	777,50
2050000	3125	6250	1562,50	781,30
2060000	3140	6280	1570	785
2070000	3155	6310	1577,50	788,80
2080000	3170	6340	1585	792,50
2090000	3185	6370	1592,50	796,30
2100000	3200	6400	1600	800
2110000	3215	6430	1607,50	803,80
2120000	3230	6460	1615	807,50
2130000	3245	6490	1622,50	811,30
2140000	3260	6520	1630	815
2150000	3275	6550	1637,50	818,80

Wert bis einschl. DM	10/10 DM	20/10 DM	5/10 DM	1/4 DM
2160000	3290	6580	1645	822,50
2170000	3305	6610	1652,50	826,30
2180000	3320	6640	1660	830
2190000	3335	6670	1667,50	833,80
2200000	3350	6700	1675	837,50
2210000	3365	6730	1682,50	841,30
2220000	3380	6760	1690	845
2230000	3395	6790	1697,50	848,80
2240000	3410	6820	1705	852,50
2250000	3425	6850	1712,50	856,30
2260000	3440	6880	1720	860
2270000	3455	6910	1727,50	863,80
2280000	3470	6940	1735	867,50
2290000	3485	6970	1742,50	871,30
2300000	3500	7000	1750	875
2310000	3515	7030	1757,50	878,80
2320000	3530	7060	1765	882,50
2330000	3545	7090	1772,50	886,30
2340000	3560	7120	1780	890
2350000	3575	7150	1787,50	893,80
2360000	3590	7180	1795	897,50
2370000	3605	7210	1802,50	901,30
2380000	3620	7240	1810	905
2390000	3635	7270	1817,50	908,80
2400000	3650	7300	1825	912,50

usw. steigend für je 10000 DM 10/10 um 15 DM
oder
— von den auf volle 10000 DM aufgerundeten Werten —

	10/10	20/10	5/10	1/4
	0,15% +50	0,30% +100	0,075% +25	0,0375% +12,50

Zum Beispiel:

2500000	3800	7600	1900	950
2600000	3950	7900	1975	987,50
2700000	4100	8200	2050	1025
2800000	4250	8500	2125	1062,50
2900000	4400	8800	2200	1100
3000000	4550	9100	2275	1137,50
3100000	4700	9400	2350	1175

Ergänzende Bemerkungen zur vorstehenden Tabelle

(Die Zahlen sind die der KostO)

1. Die Gebühren werden nach dem Geschäftswert berechnet (§ 18).

   Für Grundbesitz gilt regelmäßig der letzte Einheitswert. sofern sich aus dem Inhalt des Geschäfts, den Angaben der Beteiligten, Grundstücksbelastungen, amtlich bekannten oder aus den Grundakten ersichtlichen Tatsachen oder Vergleichswerten oder aus sonstigen ausreichenden Anhaltspunkten nicht ein höherer Wert ergibt; bei wesentlichem Abweichen des gebührenpflichtigen Geschäfts vom Gegenstand der Einheitsbewertung ist der Geschäftswert nach freiem Ermessen zu ermitteln (§ 19/2).
2. Der Mindestbetrag einer Gebühr ist 3,— DM; Pfennigbeträge sind auf volle zehn deutsche Pfennige aufzurunden (§ 33).
3. Bei nicht vermögensrechtlichen Angelegenheiten ist der Wert mangels genügender tatsächlicher Anhaltspunkte für eine Schätzung auf 3000 DM anzunehmen, nach Lage des Falles höher oder niedriger, jedoch nicht über 1 Million und nicht unter 200 DM (§ 30/2).
4. Der Wert des Rechts auf wiederkehrende Leistungen wird wie folgt berechnet:

   a) bei immerwährender Dauer (auf unabsehbare Zeit) der 25fache Jahresbetrag;

   b) bei unbestimmter Dauer (wenn der künftige Wegfall gewiß, die Zeit des Wegfalls aber ungewiß ist, z. B. Änderung des Zinssatzes) der 12½fache Jahresbetrag;

   c) bei Dauer des Rechts für die Lebenszeit einer Person ist anzunehmen, wenn es beginnt:

von 15 Jahren oder weniger	der 22fache Betrag
über 15 Jahre bis zu 25 Jahren	der 21fache Betrag
über 25 Jahre bis zu 35 Jahren	der 20fache Betrag
über 35 Jahre bis zu 45 Jahren	der 18fache Betrag
über 45 Jahre bis zu 55 Jahren	der 15fache Betrag
über 55 Jahre bis zu 65 Jahren	der 11fache Betrag
über 65 Jahre bis zu 75 Jahren	der 7½fache Betrag
über 75 Jahre bis zu 80 Jahren	der 5fache Betrag
über 80 Jahre	der 3fache Betrag

   der einjährigen Nutzung oder Leistung (§ 24/1, 2).

   Steht das Recht mehreren Personen zu, so ist das Lebensalter der ältesten maßgebend, wenn und soweit es beim Tode des zuerst Versterbenden erlischt; dagegen das Lebensalter der jüngsten Person, wenn und soweit es bis zum Tode des Letztversterbenden fortbestehen soll (§ 24/2).

   Jedoch ist, wenn das Recht dem Ehegatten oder Verwandten bis zum 3. Grade und Verschwägerten bis zum 2. Grade des Verpflichteten zusteht, nur der 5fache Jahreswert der Gebührenberechnung zugrunde zu legen, falls nicht der Jahresbetrag nach § 24/2 niedriger ist, also bei Lebensalter über 80 Jahren der dreifache Jahresbetrag (§ 24/3).

   Der Wert einer **Grunddienstbarkeit** ist derjenige, den sie für das herrschende Grundstück hat; ist der Nachteil für das dienende Grundstück höher, so gilt dieser (§ 22).

   Wert der **Vorrangseinräumung** gleich dem des vortretenden, höchstens aber gleich dem des zurücktretenden Rechts (§ 23/3).

   Der **Unterhaltsanspruch** eines unehelichen Kindes ist gleich dem Betrage des einjährigen Bezuges. Rückstände sind, falls sie Gegenstand des Geschäfts sind, mit ihrem Gesamtbetrag besonders in Ansatz zu bringen. Bei verschiedenen Jahresbeträgen gilt der höchste (§ 24/4). Ist zugleich die Vaterschaftsanerkennung beurkundet, so ist diese nach § 24/2 besonders zu bewerten.
5. Für den Wert einer **Vermögens- oder Nachlaßmasse** werden die Verbindlichkeiten nicht abgezogen (§ 18/3).

6. **Gerichtskosten in Grundbuchsachen, Nachlaßsachen usw.**

   I. $^{10}/_{10}$ a) Eintragung des Eigentümers (§ 60).

   b) Eintragung von Belastungen (§ 62).

   c) Erteilung eines Erbscheins (§ 107).

   d) Bestätigung eines Kindesannahmevertrages (§ 98).

II. $^5/_{10}$ a) Eintragung des Eigentums von Abkömmlingen (§ 60/2).
b) Eintragung von Veränderungen von Rechten an Grundstücken, Verfügungsbeschränkungen, Rangänderungen, Löschungsvormerkungen (§ 64).
c) Eintragung von Vormerkungen und Widersprüchen (§ 66).
d) Löschungen (die Hälfte der für die Eintragung bestimmten Gebühr) (§ 68).
e) Eintragung von Pfandentlassungen (§ 68).
f) Eröffnung einer Verfügung von Todes wegen (§ 102).

III. $^1/_4$ a) Andere Eintragungen als die vorstehenden (§ 67).
b) Amtliche Testamentsverwahrung (§ 101).
c) Erteilung von Hypothekenbriefen usw. (§ 71).
d) Rückgabe von Testamenten jetzt gebührenfrei.

Beglaubigte Grundbuchblattabschriften 3—25 DM (§ 73).

7. **Auseinandersetzung**

I. Gericht a) $^{40}/_{10}$ für gerichtliche Vermittlung der Auseinandersetzung (§ 116[1]).
b) $^{20}/_{10}$ wenn Verfahren ohne Bestätigung abgeschlossen (§ 116[1]).
c) $^5/_{10}$ wenn vor Eintritt in die Verhandlung erledigt (§ 116[1]).
d) $^5/_{10}$ wenn mit Dritten ein Auseinandersetzungsvertrag abgeschlossen wird (§ 116[2]).
e) je $^5/_{10}$ wenn die Vermittlung der Auseinandersetzung einem Notar übertragen wird, für Verfahren und Bestätigung (§ 116[4]).

II. Notar Die Gebühren entsprechend wie zu I., jedoch nur
a) $^{35}/_{10}$ wenn ihm die Vermittlung vom Gericht übertragen ist (§ 148).
b) $^{30}/_{10}$ wenn in diesem Falle dem Gericht die Bestätigung zusteht (§ 148).

Daneben zu I. und II. die Gebühr für Beurkundung des Vertrages (§ 116[3]).

8. **Vereinbarungen über die Höhe der Notariatsgebühren sind unwirksam (§ 140).**

9. **Der Notar kann die Notariatsgebühren auf Grund einer von ihm mit Vollstreckungsklausel versehenen Ausfertigung der Kostenrechnung beitreiben (§ 155).**

10. **Ist am Ort der Amtshandlung durch Bundes- oder Landesrecht sachliche Gebührenbefreiung gewährt, so ermäßigen sich bei einem Notar, dem die Gebühren für seine Tätigkeit selbst zufließen, die in den §§ 36 bis 59, 71, 133, 145, 148 bestimmten Gebühren um achtzig vom Hundert; § 33 bleibt unberührt.** (§ 144/3).

11. Bei Anmeldungen zum Handelsregister und bei Eintragungen in das Handelsregister richtet sich der Geschäftswert nach dem in das Register einzutragenden Geldbetrag (§ 26/1).
Ist ein bestimmter Geldbetrag nicht einzutragen, so richtet sich der Geschäftswert nach dem Wert des Betriebsvermögens. Bei der Bewertung des Betriebsvermögens ist der letzte Einheitswert maßgebend, der zur Zeit der Fälligkeit der Gebühr bereits festgestellt ist (§ 26/2). Gegebenenfalls ist er zu schätzen (§ 26/6).
Bei Anmeldungen und Eintragungen, die für das Unternehmen keine wirtschaftliche Bedeutung haben, beträgt der Geschäftswert $^1/_{10}$ des in § 26/3 bestimmten Wertes, höchstens 3000 DM (§ 26/7).
Bei der Beurkundung von Beschlüssen von Aktiengesellschaften, anderen Vereinigungen und Stiftungen richtet sich der Geschäftswert, wenn kein bestimmter Geldwert Gegenstand des Beschlusses ist, nach § 26/4. § 44 ist anzuwenden (§ 27).
Geschäftswerte und Gebühren ergeben sich aus der nachfolgenden Tabelle:

VI. Geschäftswert und Gebühren

Für Beurkundung von Versammlungsbeschlüssen
sofern nicht ein bestimmter Geldbetrag

Wertstufe	Wert des Betriebsvermögens	Voller Geschäftswert: Wert	Gebühr für die erste Anmeldung $^{5}/_{10}$ § 38/1	Gebühr für die erste Eintragung $^{20}/_{10}$ § 79
	DM	DM	DM	DM
1	2	3	4	5
1	bis 10000	3000	10	40
2	20000	6000	15	60
3	30000	10000	20	80
4	50000	16000	27,50	110
5	100000	20000	32,50	130
6	200000	25000	40	160
7	300000	30000	45	180
8	400000	35000	50	200
9	500000	40000	55	220
10	600000	45000	62,50	250
11	700000	50000	62,50	250
12	800000	55000	70	280
13	900000	60000	70	280
14	1000000	65000	77,50	310
15	1400000	80000	85	340
16	1800000	95000	100	400
17	2200000	110000	107,50	430
18	2600000	125000	122,50	490
19	3000000	140000	130	520
20	3500000	160000	145	580
21	4000000	180000	160	640
22	4500000	200000	175	700
23	5000000	220000	190	760
24	5500000	240000	205	820
25	6000000	260000	220	880
26	6500000	280000	235	940
27	7000000	300000	250	1000
28	7500000	320000	265	1060
29	8000000	340000	280	1120
30	8500000	360000	295	1180

in Handelsregistersachen.

Anmeldungen und Eintragungen,
in das Register einzutragen ist.

Halber Geschätswert			$^{1}/_{10}$ Geschäftswert		
	Gebühr für die		ohne wirtschaftliche Bedeutung		
Wert	spätere Anmeldung	spätere Eintragung und Beurk. von Versammlungsbeschlüssen	Wert	Gebühr für die Anmeldung	Eintragung
	$^{5}/_{10}$ § 38/1	$^{20}/_{10}$ §§ 47, 79		$^{5}/_{10}$ § 38/1	$^{20}/_{10}$ § 79
DM	DM	DM	DM	DM	DM
6	7	8	9	10	11
1500	7,50	30	300	3	12
3000	10	40	600	5	20
5000	15	60	1000	5	20
8000	17,50	70	1600	7,50	30
10000	20	80	2000	7,50	30
12500	25	100	2500	10	40
15000	27,50	110	3000	10	40
17500	30	120	Höchstwert	Höchstgebühr	Höchstgebühr
20000	32,50	130			
22500	35	150			
25000	40	160			
27500	42,50	170			
30000	45	180			
32500	50	**200**[1]			
40000	55	220			
47500	62,50	250			
55000	70	280			
62500	77,50	310			
70000	77,50	310			
80000	85	340			
90000	92,50	370			
100000	100	**400**[2]			
110000	107,50	430			
120000	115	460			
130000	122,50	490			
140000	130	520			
150000	137,50	550			
160000	145	580			
170000	152,50	**610**[3]			
180000	160	640			

VI. Geschäftswert und Gebühren in Handelsregistersachen

Sp. 8 Anm. 1: **200 DM Höchstgebühr** für die Eintragung des Erlöschens der Prokura. § 79/2
Anm. 2: **400 DM Höchstgebühr** für die Eintragung einer Prokura oder deren Änderung. § 79/2
Anm. 3: **600 DM Höchstgebühr** für die Löschung der Firma. § 79/2

Wert-stufe	Wert des Betriebs-vermögens	Voller Geschäftswert			Halber Geschäftswert		
		Wert	Gebühr für die erste Anmeldung	Gebühr für die erste Eintragung	Wert	Gebühr für die spätere Anmeldung	Gebühr für die spätere Eintragung u. Beurk. von Versammlungsbeschl.
	DM	DM	5/10 DM	20/10 DM	DM	5/10 DM	20/10 DM
1	2	3	4	5	6	7	8
31	9000000	380000	310	1240	190000	167,50	670
32	9500000	400000	325	1300	200000	175	700
33	10000000	420000	340	1360	210000	182,50	730
34	10500000	440000	355	1420	220000	190	760
35	11000000	460000	370	1480	230000	197,50	790
36	11500000	480000	385	1540	240000	205	820
37	12000000	500000	400	1600	250000	212,50	850
38	12500000	520000	415	1660	260000	220	880
39	13000000	540000	430	1720	270000	227,50	910
40	13500000	560000	445	1780	280000	235	940
41	14000000	580000	460	1840	290000	242,50	970
42	14500000	600000	475	1900	300000	250	1000
43	15000000	620000	490	1960	310000	257,50	1030
44	15500000	640000	505	2020	320000	265	1060
45	16000000	660000	520	2080	330000	272,50	1090
46	16500000	680000	535	2140	340000	280	1120
47	17000000	700000	550	2200	350000	287,50	1150
48	17500000	720000	565	2260	360000	295	1180
49	18000000	740000	580	2320	370000	302,50	**1210**[1]
50	18500000	760000	595	2380	380000	310	1240
51	19000000	780000	610	2440	390000	317,50	1270
52	19500000	800000	625	2500	400000	325	1300
53	20000000	820000	640	2560	410000	332,50	1330
54	20500000	840000	655	2620	420000	340	1360
55	21000000	860000	670	2680	430000	347,50	1390
56	21500000	880000	685	2740	440000	355	1420
57	22000000	900000	700	2800	450000	362,50	1450
58	22500000	920000	715	2860	460000	370	1480
59	23000000	940000	730	2920	470000	377,50	1510
60	23500000	960000	745	2980	480000	385	1540

Sp. 8 Anm. 1: **1200 DM Höchstgebühr** für alle sonstigen Eintragungen, wenn kein bestimmter Geldbetrag in das Register eingetragen wird und es sich nicht um die erste Eintragung handelt sowie für die Eintragung eines Kommanditisten als Nachfolger eines anderen, eines bisher pers. haftenden Gesellschafters als Kommanditisten oder eines bisherigen Kommanditisten als pers. haftenden Gesellschafter. § 79/2

Wertstufe	Wert des Betriebsvermögens	Voller Geschäftswert			Halber Geschäftswert		
		Wert	Gebühr für die erste Anmeldung	Gebühr für die erste Eintragung	Wert	Gebühr für die spätere Anmeldung	Gebühr für die spätere Eintragung u. Beurk. von Versammlungsbeschl.
			$^{5}/_{10}$	$^{20}/_{10}$		$^{5}/_{10}$	$^{20}/_{10}$
	DM	DM	DM	DM	DM	DM	DM
1	2	3	4	5	6	7	8
61	24000000	980000	760	3040	490000	392,50	1570
62	24500000	**1000000**[1]	775	3100	500000	400	1600
63	25000000	1020000		3160	510000	407,50	1630
64	25500000	1040000	Höchst-	3220	520000	415	1660
65	26000000	1060000	gebühr	3280	530000	422,50	1690
66	26500000	1080000		3340	540000	430	1720
67	27000000	1100000		3400	550000	437,50	1750
68	27500000	1120000		3460	560000	445	1780
69	28000000	1140000		3520	570000	452,50	1810
70	28500000	1160000		3580	580000	460	1840
71	29000000	1180000		3640	590000	467,50	1870
72	29500000	1200000		3700	600000	475	1900
73	30000000	1220000		3760	610000	482,50	1930
74	30500000	1240000		3820	620000	490	1960
75	31000000	1260000		3880	630000	497,50	1990
76	31500000	1280000		3940	640000	505	2020
77	32000000	1300000		4000	650000	512,50	2050
78	32500000	1320000		4060	660000	520	2080
79	33000000	1340000		4120	670000	527,50	2110
80	33500000	1360000		4180	680000	535	2140
81	34000000	1380000		4240	690000	542,50	2170
82	34500000	1400000		4300	700000	550	2200
83	35000000	1420000		4360	710000	557,50	2230
84	35500000	1440000		4420	720000	565	2260
85	36000000	1460000		4480	730000	572,50	2290
86	36500000	1480000		4540	740000	580	2320
87	37000000	1500000		4600	750000	587,50	2350
88	37500000	1520000		4660	760000	595	2380
89	38000000	1540000		4720	770000	602,50	2410
90	38500000	1560000		4780	780000	610	2440

Sp. 3 Anm. 1: **Höchstwert** für Anmeldungen, auch wenn mehrere Anmeldungen in derselben Verhandlung beurkundet werden und ein bestimmter Geldbetrag in das Register einzutragen ist. § 26/10

Wertstufe	Wert des Betriebsvermögens	Voller Geschäftswert			Halber Geschäftswert		
		Wert	Gebühr für die erste Anmeldung	Gebühr für die erste Eintragung	Wert	Gebühr für die spätere Anmeldung	Gebühr für die spätere Eintragung u. Beurk. von Versammlungsbeschl.
			5/10	20/10		5/10	20/10
	DM	DM	DM	DM	DM	DM	DM
1	2	3	4	5	6	7	8
91	39000000	1580000		4840	790000	617,50	2470
92	39500000	1600000		4900	800000	625	2500
93	40000000	1620000		4960	810000	632,50	2530
94	40500000	1640000		5020	820000	640	2560
95	41000000	1660000		5080	830000	647,50	2590
96	41500000	1680000		5140	840000	655	2620
97	42000000	1700000		5200	850000	662,50	2650
98	42500000	1720000		5260	860000	670	2680
99	43000000	1740000		5320	870000	677,50	2710
100	43500000	1760000		5380	880000	685	2740
101	44000000	1780000		5440	890000	692,50	2770
102	44500000	1800000		5500	900000	700	2800
103	45000000	1820000		5560	910000	707,50	2830
104	45500000	1840000		5620	920000	715	2860
105	46000000	1860000		5680	930000	722,50	2890
106	46500000	1880000		5740	940000	730	2920
107	47000000	1900000		5800	950000	737,50	2950
108	47500000	1920000		5860	960000	745	2980
109	48000000	1940000		5920	970000	752,50	3010
110	48500000	1960000		5980	980000	760	3040
111	49000000	1980000		6040	990000	767,50	3070
112	49500000	2000000		6100	**1000000**[1,2]	775 Höchstgebühr	**3100**[3]

Berechnung bei Betriebsvermögen über 49500000 DM:
Von dem auf volle 500000 DM aufgerundeten Wert des Betriebsvermögens:

		4% + 20000		siehe Tab. V	2% + 10000		siehe Tab. V

Sp. 6 Anm. 1: **Höchstwert** für Anmeldungen, auch wenn mehrere Anmeldungen in derselben Verhandlung beurkundet werden und ein bestimmter Geldbetrag in das Register einzutragen ist. § 26/10

Sp. 6 Anm. 2: **Höchstwert** für Beschlüsse mit unbestimmtem Geldwert, auch wenn in einer Verhandlung mehrere Beschlüsse beurkundet werden. § 27/3

Sp. 8 Anm. 3: **6000 DM Höchstgebühr** für Beurkundung von Versammlungsbeschlüssen, auch bei bestimmtem Geldbetrag. § 47

VII. Alphabetisches Verzeichnis für Notariatsgebühren usw.

nach der Kostenordnung in der Fassung des Gesetzes vom 26. 7. 1957
BGBl. I S. 861
Die §§ sind die der Kostenordnung

Es sind zu berechnen:

Für	Von d. Geb. nach § 32 der KostO
Abänderungen (§ 42), wie für die abgeänderte Erklärung höchstens	10/10
Abmarkungen (§ 50/2)	10/10
Abschriftenbeglaubigung (§ 55) — soweit nicht § 132 gilt — je Seite 0,30 DM, fremdsprachige 0,40 DM, mindestens 2 DM	
Abtretungen (§ 36/1)	10/10
falls zugleich die Annahme erklärt wird (§ 36/2)	20/10
Abtretung von Geschäftsanteilen einer GmbH. (§ 15 GmbHGes.) (§ 36/2) . .	20/10
(ist das Verpflichtungsgeschäft bereits beurkundet, Gebühr § 38 Abs. 1 Ziff. 6 = 5/10)	
Anerkennung des Inhalts schriftlicher Erklärungen, wie die Gebühr für diese (§ 43).	5/10
Annahme eines Vertragsantrags (§ 38 Abs. 1 Ziff. 2)	5/10
Anmeldung zum Handelsregister oder sonstigen Registern (§ 38 Abs. 1 Ziff. 7), Wert höchstens 1 Mill. DM (§ 26/10)	5/10
Anträge auf Eintragungen ins Grundbuch (§ 38 Abs. 1 Ziff. 5)	5/10
Anträge und **Beschwerden** durch Notar (§ 146/2)	5/10
Auflassungsbeurkundungen (§ 38 Abs. 1 Ziff. 6)	5/10
Aufhebung eines nicht erfüllten Vertrages (§ 38 Abs. 1 Ziff. 3)	5/10
Aufsuchen von Urkunden, gebührenfrei (§ 147/3)	
Auseinandersetzungsvermittelung siehe Seite 36	
Außerhalb der Geschäftsräume, Amtshandlungen (§ 58)	5/10
Höchstgebühr 60 DM, aber nicht mehr als die Gebühr für das Geschäft selbst (Anrechnung des Abwesenheitsgeldes § 153). Bei Vornahme mehrerer selbständiger Geschäfte für jedes Geschäft besonders, auch wenn in dem gleichen auswärtigen Termin erledigt (siehe Text)	
Beglaubigung von Unterschriften und Handzeichen (§ 45) höchstens 250 DM	1/4
Bescheinigung über Tatsachen (§ 50)	10/10
Bescheinigung nach § 22a der BundesNotO (§ 150/2) = 50 DM	
Bescheinigung nach § 23 der BundesNotO (§ 150) = 3 DM	
Beurkundungen an Sonn- und Feiertagen sowie außerhalb der Zeit von 8 bis 18 Uhr, an Sonnabenden nach 13 Uhr (§ 58/3)	5/10
höchstens 60 DM, aber nicht mehr als die Gebühr für das Geschäft selbst	
Eidesstattliche Versicherungen und Eidesabnahme (§ 49/1)	10/10
Eidesstattliche Versicherungen zur Erlangung eines **Erbscheins** (§ 49/1) . . .	10/10
Einseitige Erklärungen (§ 36/1)	10/10
Einsicht von Grundbuch, Akten usw., falls nicht nur Nebengeschäft (§ 147/2)	5/10
Eintragungsanträge für Grundbuch und Schiffsregister (§ 38 Abs. 1 Ziff. 5). .	5/10
Entwurf einer Urkunde, wie für diese selbst (§ 145) . . . . (siehe auch RGBl. I 1940, 882)	
Erbbaurechte Geschäftswert (§ 21)	
Erbschaftsausschlagung (§ 38 Abs. 2, § 112/3)	1/4
Erbverträge (§ 46/1)	20/10
Erbscheinsverhandlungen (eidesstattl. Versich.) (§ 49/1) jetzt	10/10

VII. Alphabetisches Verzeichnis für Notariatsgebühren usw.

Für	Von d. Geb. nach § 32 der KostO
Erfolglose Verhandlung (§ 57) Höchstgebühr 100 DM	5/10
Ergänzungen (§ 42) wie ergänzte Erklärung, höchstens	10/10
Fälle, für die eine besondere Gebühr nicht bestimmt ist (§ 147)	5/10
Fremdsprachige Beurkundungen, Zusatzgebühr, die Hälfte der für die Beurkundung erwachsenen Gebühr, höchstens 60 DM (§ 59)	
Generalversammlungen, Aufsichtsratssitzungen usw. (§ 47)	20/10
Höchstgebühr 6000 DM	
Grundbuchanträge (§ 38 Abs. 1 Ziff. 5)	5/10
Handelsregisteranmeldungen (§ 38 Abs. 1 Ziff. 7), Wert § 26	5/10
Legalisationen, Notar erhält keine Gebühr (§ 146/4)	
Letztwillige Verfügungen siehe Testamente und Erbverträge	
Löschungsbewilligungen (ohne gleichzeitige Quittung über die Forderung) (§ 38 Abs. 1 Ziff. 5)	5/10
Mehrere Erklärungen in einer Urkunde siehe § 44	
Nachtzeit, Beurkundung zur ... (§ 58/3)	5/10
Höchstgebühr 60 DM und nicht mehr als die Gebühr für das Geschäft selbst	
Nicht vollzogene Geschäfte (§ 57)	5/10
Höchstens 100 DM und nicht mehr als die Gebühr für das Geschäft selbst	
Notarzuziehung statt Zeugen (§ 151/1)	5/10
Bei Zuziehung ohne ausdrückliches Verlangen der Beteiligten nicht mehr als 2,50 DM für die Stunde (§ 151/2)	
Pfandentlassungen (§ 38 Abs. 1 Ziff. 5)	5/10
Proteste (nach HGB und Binnenschiffsgesetz) (§ 50 Abs. 1 Ziff. 3)	10/10
Proteste über Wechsel und Schecks (§ 51/1)	5/10
Protestgebühr für jede Notadresse § 51/4)	1/4
Protestwegegebühr (§ 51/2) = 3 DM	
Raterteilungen, falls nicht durch die Gebühr für das Hauptgeschäft abgegolten (§ 147/2)	5/10
Schätzungsaufnahme (§ 50 Abs. 1 Ziff. 4)	10/10
Schätzungsaufnahme bei freiwilligen Versteigerungen (§ 53 Abs. 1 Ziff. 2)	5/10
Sicherstellung der Zeit der Ausstellung einer Urkunde (§ 56) = 3 bis 25 DM	
Siegelungen (§ 52) bis zur Dauer von 2 Stunden	5/10
darüber hinaus für jede Stunde = 4 DM	
Sonntag, Beurkundungen am ... (§ 58/3)	5/10
Höchstgebühr 60 DM und nicht mehr als die Gebühr für das Geschäft selbst	
Tatsachenbescheinigungen (§ 50 Abs. 1 Ziff. 1)	10/10
Teilhypothekenbriefe § 71	1/4
Termin, vereitelter, siehe erfolglose Verhandlung	
Testamente (§ 46/1)	10/10
Testamente, gemeinschaftliche (§ 46/1)	20/10
Testamentswiderruf ohne Neuerrichtung (§ 46/2)	5/10
Unterbleiben der Beurkundung nach Verhandlung siehe erfolglose Verhandlung	
Unterschriftbeglaubigungen (§ 45) Höchstgebühr 250 DM	1/4
Verklarungen (§ 50/2) Mindestgebühr 20 DM	20/10
Nachträgliche Ergänzung derselben (§ 50/2) Mindestgebühr 10 DM	10/10
Verlosungen (§ 48) Beurkundung des Hergangs	20/10
Einzählen der Lose. Wert (§ 48/3)	5/10

VII. Alphabetisches Verzeichnis für Notariatsgebühren usw.

Für	Von d. Geb. nach § 32 KostO
Vermögensverzeichnisse (siehe Siegelungen) (§ 52)	5/10
Versteigerungstermin, Abhaltung (§ 53 Abs. 1 Ziff. 3)	10/10
Versteigerungstermin, Vorbereitung (§ 53 Abs. 1 Ziff. 1)	5/10
Versteigerung, Zuschlagsbeurkundung (§ 53 Abs. 1 Ziff. 4)	10/10
Verträge (§ 36/2)	20/10
Vertragsanträge (§ 37)	15/10
Vollmachten und deren Widerruf (§ 38 Abs. 1 Ziff. 4)	5/10
Wert § 41	
Vollstreckungsklausel, Erteilung im Falle §§ 726—729 ZPO (§ 133)	5/10
Vollzugsgebühr bei Grundstücksveräußerungen (§ 146[1])	5/10
Vollzugsgebühr bei Nur-Beglaubigungen (§ 146[3])	1/4
Vorrangseinräumungen ohne materiell-rechtlichen Zusatz (§ 38 Abs. 1 Ziff. 5) vgl. DNotZ 1934, 697	5/10
Wahlversammlungen (§ 48/1)	20/10
Wert § 48/3	
Wechselproteste (§ 51/1)	5/10
Zusatzgebühr für jeden Weg = 3 DM	
Zusatzgebühr für jede Notadresse	1/4
Wohnungseigentum Geschäftswert § 21	
Zeugenvernehmungen (§ 49/1)	10/10
Zustimmungen einzelner Teilnehmer (§ 38 Abs. 1 Ziff. 1)	5/10
Wert = Anteil des Teilnehmers (§ 40)	
Zustimmungserklärung zur Ehelichkeitserklärung oder zur Annahme an Kindes Statt (§ 38 Abs. 3)	1/4

VIII. Einige wichtige Bestimmungen

1. **Amtsgerichte** sind zuständig bis 1500 DM einschl. (§ 23 GVG).
   Zwangshypothek aber von 500 DM an (§ 866/3 ZPO).
2. **Berufungsmindestgrenze** (§ 511a ZPO) . . . . mehr als 200 DM
   Berufungsmindestgrenze gegen Entscheidungen der Arbeitsgerichte (§§ 63, 64 ArbGerGes.) . . . . mehr als 300 DM
   Revisionsmindestgrenze (§ 546 ZPO) . . . . mehr als 15000 DM
   Beschwerdemindestgrenze gegen Kostenentscheidungen einschl. Beschlüsse nach § 91a und § 99 ZPO (§ 567/2 ZPO) . . . . mehr als 50 DM
3. **Vorläufig vollstreckbar** ohne Sicherheitsleistung gemäß § 709/4 ZPO; Urteile bis 500 DM einschl., auch alle **Versäumnisurteile** (§ 708 ZPO).
4. **Wertberechnung.** Für die Gebührenberechnung ist der Wert
   a) bei Streitigkeiten über gesetzliche Unterhaltspflicht der beanspruchte einjährige Unterhaltsbetrag, falls nicht der Gesamtbetrag der geforderten Leistungen geringer ist; Rückstände aus der Zeit vor der Rechtshängigkeit sind hinzuzurechnen (§ 13 Abs. 1, 5 GKG);
   b) bei Verfahren nach § 627 ZPO der Dreimonatsbezug, bei Verfahren nach § 627b ZPO der Sechsmonatsbezug (§ 13 Abs. 2 GKG);
   c) bei Ansprüchen auf Geldrente wegen Tötung oder Verletzung des Körpers oder der Gesundheit eines Menschen, ferner bei Ansprüchen auf wiederkehrende Leistungen von Arbeitnehmern der fünffache Jahresbetrag, falls nicht der Gesamtbetrag der geforderten Leistungen geringer ist (§ 13 Abs. 3, 4 GKG); Rückstände vor Rechtshängigkeit sind mitzurechnen (§ 13 Abs. 5);

d) bei Miet- und Pachtstreitigkeiten, wenn das Bestehen oder die Dauer streitig ist, der Mietzins der streitigen Mietzeit, höchstens der einjährige Mietzins; wenn wegen Beendigung des Miet- oder Pachtverhältnisses die Räumung verlangt wird, der einjährige Mietzins, ohne Rücksicht darauf, ob über das Bestehen des Nutzungsverhältnisses Streit besteht (§ 12 GKG);
e) in Offenbarungseidsachen nach dem aus dem Vollstreckungstitel noch geschuldeten Betrag — höchstens 2000 DM — (§ 17 GKG);
f) bei nicht vermögensrechtlichen Streitigkeiten in der Regel 3000 DM, ausnahmsweise höher oder niedriger, jedoch nicht über 1 Million, nicht unter 500 DM — abgesehen von Ehesachen — (§ 14 GKG)

5. **Arbeits- und Dienstlohn,** auch Beamtengehälter, unpfändbar gegen nicht unterhaltspflichtigen Schuldner bei täglicher Auszahlung 10,20 DM täglich, bei wöchentlicher Auszahlung 51 DM wöchentlich, bei monatlicher Auszahlung 221 DM monatlich. Für Schuldner, die den Ehegatten, einen früheren Ehegatten, Verwandte oder uneheliche Kinder unterhalten, bleiben ferner zusätzlich 52 DM monatlich, 12 DM wöchentlich, 2,40 DM täglich für die erste Person, der er unterhaltspflichtig ist und den Unterhalt auch gewährt und für jede weitere Person monatlich weitere 39 DM, wöchentlich weitere 9 DM, täglich weitere 1,80 DM, unpfändbar. Die unpfändbaren Beträge dürfen jedoch insgesamt nicht mehr als 429 DM monatlich(99 DM wöchentlich, 19,80 DM täglich) betragen (§ 850c Abs. 1 ZPO).

Beträgt das Netto-Einkommen des Schuldners bis zu monatlich 1000 DM (wöchentlich 250 DM, täglich 50 DM), so ergibt sich unter Berücksichtigung von Unterhaltspflichten des Schuldners der pfändbare Betrag aus der Tabelle zu § 850c Abs. 2 ZPO (in der Fassung des Gesetzes vom 9. 8. 1965 — BGBl. I S. 729).

Übersteigt das Netto-Einkommen des Schuldners monatlich 1000 DM (wöchentlich 250 DM, täglich 50 DM), so gilt folgendes:

a) Das **Netto-Einkommen** des Schuldners ist für die Berechnung des pfändbaren Teiles bei Auszahlung für Monate auf einen durch 10 DM, bei Auszahlung für Wochen auf einen durch 2 DM und bei Auszahlung für Tage auf einen durch 0,40 DM, der **Pfändungsbetrag** ist bei Auszahlung des Einkommens für Monate auf einen durch 2 DM, bei Auszahlung für Wochen auf einen durch 0,50 DM und bei Auszahlung für Tage auf einen durch 0,10 DM teilbaren Betrag nach unten abzurunden.

b) Der unpfändbare Betrag (siehe Abs. 1) erhöht sich um $^{3}/_{10}$ des Mehrbetrages. Mehrbetrag ist der Unterschied zwischen dem Netto-Einkommen und dem unpfändbaren Betrag. Gewährt der Schuldner seinem Ehegatten, einem früheren Ehegatten, einem Verwandten oder einem unehelichen Kinde Unterhalt, so erhöht sich der unpfändbare Teil des Mehrbetrages für die erste Person um weitere $^{2}/_{10}$ und für jede weitere Person um ein weiteres Zehntel. Der unpfändbare Teil des Mehrbetrages darf jedoch $^{9}/_{10}$ des Mehrbetrages nicht übersteigen.

6. **Rechtsanwaltsgebühren**
a) volle Gebühr bei Entscheidung nach Lage der Akten auch bei nichtstreitiger Verhandlung (§ 33 BRAGebO);
b) im Güteverfahren die volle Gebühr und für Mitwirkung bei einer Einigung eine volle Gebühr. Im nachfolgenden Rechtsstreit wird die Gebühr auf die Prozeßgebühr nicht angerechnet (§ 65 BRAGebO);
c) volle Gebühr für ein schriftliches Gutachten über die Aussichten einer Revision, jedoch nicht in den Fällen des § 20 Abs. 1 Satz 2 (§ 21a BRAGebO);
d) für Antrag auf Vollstreckbarkeitserklärung eines Schiedsspruchs volle Gebühr (§ 46 BRAGebO);
e) Anträge bei Behörden § 118 Abs. 1 Ziff. 1 BRAGebO;
f) Raterteilungen § 20 BRAGebO;
g) Schreiben an Privatpersonen § 118 Abs. 1 Ziff. 1 BRAGebO;
h) Terminwahrnehmung § 118 Abs. 1 Ziff. 2 BRAGebO;
i) Zwangsversteigerung § 68 BRAGebO; vgl. auch Bemerkungen zu Tabelle I;
k) Zwangsverwaltung § 69 BRAGebO; vgl. auch Bemerkungen zu Tabelle II.

7. **Arbeitsgerichtssachen.**
Gerichtsgebühren siehe Tabelle X. Für Verfahren des 1. Rechtszuges gilt Tabelle a. In den höheren Rechtszügen gilt Tabelle b.
Rechtsanwaltsgebühren vgl. § 62 BRAGebO.

8. **Verfahren vor Verwaltungs- und Finanzgerichten.**
Rechtsanwaltsgebühren § 114 BRAGebO.

9. **Verfahren vor Sozialgerichten § 116 BRAGebO.**
Der Rechtsanwalt erhält in Verfahren

vor dem Sozialgericht	30 bis 240 DM,
vor dem Landessozialgericht	45 bis 360 DM,
vor dem Bundessozialgericht	75 bis 600 DM.

10. **Hausratsregelungssachen, Wohnungseigentumssachen, Landwirtschaftssachen, Regelung der Auslandsschulden.**
Rechtsanwaltsgebühren § 63 BRAGebO.

11. **Vertragshilfeverfahren.**
Rechtsanwaltsgebühren § 64 BRAGebO.

12. **Verschollenheitssachen.**
Rechtsanwaltsgebühren § 118 BRAGebO.

13. **Verfahren nach dem Gesetz über die innerdeutsche Rechts- und Amtshilfe.**
Rechtsanwaltsgebühren Art. X § 10 d. Ges. v. 26. 7. 57 — BGBl. I S. 933 — Vgl. auch Bemerkungen zu Tabelle I.

14. **Reisekosten für Anwalt und Notar.** § 28 BRAGebO, § 153 KostO.

Für Rechtsanwalt:

Tage- und Abwesenheitsgeld. Bis zu 4 Stunden nichts, 4—8 Stunden 25 DM, mehr als 8 Stunden 50 DM. Bei Auslandsreisen kann zu diesen Beträgen ein Zuschlag von 50 v. H. berechnet werden. Außerdem hat er Anspruch auf Ersatz der Übernachtungskosten.

Fahrtkosten. Für Benutzung des eigenen Kraftwagens 0,40 DM für jeden angefangenen km des Hin- und Rückweges. Bei Benutzung anderer Verkehrsmittel sind die tatsächlichen Aufwendungen zu erstatten.

Für Notar, dem die Gebühren für die Tätigkeit selbst zufließen:
Es gelten die vorstehend für RA bestimmten Sätze mit Ausnahme der Bestimmung für Auslandsreisen. Die Hälfte dieser Sätze ist auf die in § 58 Abs. 1 KostO bestimmte Zusatzgebühr anzurechnen.

Für Notar, dessen Gebühren der Staatskasse zufließen:
Reisekosten nach den für Bundesbeamte der Reisekostenstufe C geltenden Vorschriften. Das sind:

Tagegeld. Bis zu 5 Stunden nichts, 5—7 Stunden 6,90 DM, 7—10 Stunden 11,50 DM, 10—12 Stunden 18,40 DM, über 12 Stunden 23 DM. Übernachtungsgeld 20 DM.

Fahrtkosten. 1. Eisenbahn- oder 1. Schiffsklasse, bei Benutzung anderer als öffentlich regelmäßig verkehrender Beförderungsmittel Ersatz der notwendigen Auslagen, bei Benutzung eines eigenen Kraftwagens 0,40 DM für jeden angefangenen km des Hin- und Rückwegs. Diese Entschädigung ist stets zu gewähren, wenn der Hin- und Rückweg zusammen nicht mehr als 200 km beträgt oder der Notar Fahrtkosten für nicht mehr als 200 km verlangt.

IX. Mehrwertsteuertabellen

für Anwalts- und Notariatskosten
nach dem Gesetz vom 29. 5. 67 — BGBl. I S. 545 u. vom 18. 10. 67 — BGBl. I S. 991.

5,5%.

Für DM	Mehrwertsteuer DM	Für DM	Mehrwertsteuer DM	Für DM	Mehrwertsteuer DM	Für DM	Mehrwertsteuer DM	Für DM	Mehrwertsteuer DM	Für DM	Mehrwertsteuer DM
0,10	0,01	38	2,09	84	4,62	130	7,15	176	9,68	222	12,21
0,20	0,01	39	2,15	85	4,68	131	7,21	177	9,74	223	12,27
0,30	0,02	40	2,20	86	4,73	132	7,26	178	9,79	224	12,32
0,40	0,02	41	2,26	87	4,79	133	7,32	179	9,85	225	12,38
0,50	0,03	42	2,31	88	4,84	134	7,37	180	9,90	226	12,43
0,60	0,03	43	2,37	89	4,90	135	7,43	181	9,96	227	12,49
0,70	0,04	44	2,42	90	4,95	136	7,48	182	10,01	228	12,54
0,80	0,04	45	2,48	91	5,01	137	7,54	183	10,07	229	12,60
0,90	0,05	46	2,53	92	5,06	138	7,59	184	10,12	230	12,65
1	0,06	47	2,59	93	5,12	139	7,65	185	10,18	231	12,71
2	0,11	48	2,64	94	5,17	140	7,70	186	10,23	232	12,76
3	0,17	49	2,70	95	5,23	141	7,76	187	10,29	233	12,82
4	0,22	50	2,75	96	5,28	142	7,81	188	10,34	234	12,87
5	0,28	51	2,81	97	5,34	143	7,87	189	10,40	235	12,93
6	0,33	52	2,86	98	5,39	144	7,92	190	10,45	236	12,98
7	0,39	53	2,92	99	5,45	145	7,98	191	10,51	237	13,04
8	0,44	54	2,97	100	5,50	146	8,03	192	10,56	238	13,09
9	0,50	55	3,03	101	5,56	147	8,09	193	10,62	239	13,15
10	0,55	56	3,08	102	5,61	148	8,14	194	10,67	240	13,20
11	0,61	57	3,14	103	5,67	149	8,20	195	10,73	241	13,26
12	0,66	58	3,19	104	5,72	150	8,25	196	10,78	242	13,31
13	0,72	59	3,25	105	5,78	151	8,31	197	10,84	243	13,37
14	0,77	60	3,30	106	5,83	152	8,36	198	10,89	244	13,42
15	0,83	61	3,36	107	5,89	153	8,42	199	10,95	245	13,48
16	0,88	62	3,41	108	5,94	154	8,47	200	11,00	246	13,53
17	0,94	63	3,47	109	6,00	155	8,53	201	11,06	247	13,59
18	0,99	64	3,52	110	6,05	156	8,58	202	11,11	248	13,64
19	1,05	65	3,58	111	6,11	157	8,64	203	11,17	249	13,70
20	1,10	66	3,63	112	6,16	158	8,69	204	11,22	250	13,75
21	1,16	67	3,69	113	6,22	159	8,75	205	11,28	251	13,81
22	1,21	68	3,74	114	6,27	160	8,80	206	11,33	252	13,86
23	1,27	69	3,80	115	6,33	161	8,86	207	11,39	253	13,92
24	1,32	70	3,85	116	6,38	162	8,91	208	11,44	254	13,97
25	1,38	71	3,91	117	6,44	163	8,97	209	11,50	255	14,03
26	1,43	72	3,96	118	6,49	164	9,02	210	11,55	256	14,08
27	1,49	73	4,02	119	6,55	165	9,08	211	11,61	257	14,14
28	1,54	74	4,07	120	6,60	166	9,13	212	11,66	258	14,19
29	1,60	75	4,13	121	6,66	167	9,19	213	11,72	259	14,25
30	1,65	76	4,18	122	6,71	168	9,24	214	11,77	260	14,30
31	1,71	77	4,24	123	6,77	169	9,30	215	11,83	261	14,36
32	1,76	78	4,29	124	6,82	170	9,35	216	11,88	262	14,41
33	1,82	79	4,35	125	6,88	171	9,41	217	11,94	263	14,47
34	1,87	80	4,40	126	6,93	172	9,46	218	11,99	264	14,52
35	1,93	81	4,46	127	6,99	173	9,52	219	12,05	265	14,58
36	1,98	82	4,51	128	7,04	174	9,57	220	12,10	266	14,63
37	2,04	83	4,57	129	7,10	175	9,63	221	12,16	267	14,69

IX. Mehrwertsteuertabellen 5,5%

Für DM	Mehrwertsteuer DM	Für DM	Mehrwertsteuer DM	Für DM	Mehrwertsteuer DM	Für DM	Mehrwertsteuer DM	Für DM	Mehrwertsteuer DM	Für DM	Mehrwertsteuer DM
268	14,74	320	17,60	372	20,46	424	23,32	476	26,18	528	29,04
269	14,80	321	17,66	373	20,52	425	23,38	477	26,24	529	29,10
270	14,85	322	17,71	374	20,57	426	23,43	478	26,29	530	29,15
271	14,91	323	17,77	375	20,63	427	23,49	479	26,35	531	29,21
272	14,96	324	17,82	376	20,68	428	23,54	480	26,40	532	29,26
273	15,02	325	17,88	377	20,74	429	23,60	481	26,46	533	29,32
274	15,07	326	17,93	378	20,79	430	23,65	482	26,51	534	29,37
275	15,13	327	17,99	379	20,85	431	23,71	483	26,57	535	29,43
276	15,18	328	18,04	380	20,90	432	23,76	484	26,62	536	29,48
277	15,24	329	18,10	381	20,96	433	23,82	485	26,68	537	29,54
278	15,29	330	18,15	382	21,01	434	23,87	486	26,73	538	29,59
279	15,35	331	18,21	383	21,07	435	23,93	487	26,79	539	29,65
280	15,40	332	18,26	384	21,12	436	23,98	488	26,84	540	29,70
281	15,46	333	18,32	385	21,18	437	24,04	489	26,90	541	29,76
282	15,51	334	18,37	386	21,23	438	24,09	490	26,95	542	29,81
283	15,57	335	18,43	387	21,29	439	24,15	491	27,01	543	29,87
284	15,62	336	18,48	388	21,34	440	24,20	492	27,06	544	29,92
285	15,68	337	18,54	389	21,40	441	24,26	493	27,12	545	29,98
286	15,73	338	18,59	390	21,45	442	24,31	494	27,17	546	30,03
287	15,79	339	18,65	391	21,51	443	24,37	495	27,23	547	30,09
288	15,84	340	18,70	392	21,56	444	24,42	496	27,28	548	30,14
289	15,90	341	18,76	393	21,62	445	24,48	497	27,34	549	30,20
290	15,95	342	18,81	394	21,67	446	24,53	498	27,39	550	30,25
291	16,01	343	18,87	395	21,73	447	24,59	499	27,45	551	30,31
292	16,06	344	18,92	396	21,78	448	24,64	500	27,50	552	30,36
293	16,12	345	18,98	397	21,84	449	24,70	501	27,56	553	30,42
294	16,17	346	19,03	398	21,89	450	24,75	502	27,61	554	30,47
295	16,23	347	19,09	399	21,95	451	24,81	503	27,67	555	30,53
296	16,28	348	19,14	400	22,00	452	24,86	504	27,72	556	30,58
297	16,34	349	19,20	401	22,06	453	24,92	505	27,78	557	30,64
298	16,39	350	19,25	402	22,11	454	24,97	506	27,83	558	30,69
299	16,45	351	19,31	403	22,17	455	25,03	507	27,89	559	30,75
300	16,50	352	19,36	404	22,22	456	25,08	508	27,94	560	30,80
301	16,56	353	19,42	405	22,28	457	25,14	509	28,00	561	30,86
302	16,61	354	19,47	406	22,33	458	25,19	510	28,05	562	30,91
303	16,67	355	19,53	407	22,39	459	25,25	511	28,11	563	30,97
304	16,72	356	19,58	408	22,44	460	25,30	512	28,16	564	31,02
305	16,78	357	19,64	409	22,50	461	25,36	513	28,22	565	31,08
306	16,83	358	19,69	410	22,55	462	25,41	514	28,27	566	31,13
307	16,89	359	19,75	411	22,61	463	25,47	515	28,33	567	31,19
308	16,94	360	19,80	412	22,66	464	25,52	516	28,38	568	31,24
309	17,00	361	19,86	413	22,72	465	25,58	517	28,44	569	31,30
310	17,05	362	19,91	414	22,77	466	25,63	518	28,49	570	31,35
311	17,11	363	19,97	415	22,83	467	25,69	519	28,55	571	31,41
312	17,16	364	20,02	416	22,88	468	25,74	520	28,60	572	31,46
313	17,22	365	20,08	417	22,94	469	25,80	521	28,66	573	31,52
314	17,27	366	20,13	418	22,99	470	25,85	522	28,71	574	31,57
315	17,33	367	20,19	419	23,05	471	25,91	523	28,77	575	31,63
316	17,38	368	20,24	420	23,10	472	25,96	524	28,82	576	31,68
317	17,44	369	20,30	421	23,16	473	26,02	525	28,88	577	31,74
318	17,49	370	20,35	422	23,21	474	26,07	526	28,93	578	31,79
319	17,55	371	20,41	423	23,27	475	26,13	527	28,99	579	31,85

IX. Mehrwertsteuertabellen 5,5%

Für DM	Mehrwertsteuer DM	Für DM	Mehrwertsteuer DM	Für DM	Mehrwertsteuer DM	Für DM	Mehrwertsteuer DM	Für DM	Mehrwertsteuer DM	Für DM	Mehrwertsteuer DM
580	31,90	632	34,76	684	37,62	736	40,48	788	43,34	840	46,20
581	31,96	633	34,82	685	37,68	737	40,54	789	43,40	841	46,26
582	32,01	634	34,87	686	37,73	738	40,59	790	43,45	842	46,31
583	32,07	635	34,93	687	37,79	739	40,65	791	43,51	843	46,37
584	32,12	636	34,98	688	37,84	740	40,70	792	43,56	844	46,42
585	32,18	637	35,04	689	37,90	741	40,76	793	43,62	845	46,48
586	32,23	638	35,09	690	37,95	742	40,81	794	43,67	846	46,53
587	32,29	639	35,15	691	38,01	743	40,87	795	43,73	847	46,59
588	32,34	640	35,20	692	38,06	744	40,92	796	43,78	848	46,64
589	32,40	641	35,26	693	38,12	745	40,98	797	43,84	849	46,70
590	32,45	642	35,31	694	38,17	746	41,03	798	43,89	850	46,75
591	32,51	643	35,37	695	38,23	747	41,09	799	43,95	851	46,81
592	32,56	644	35,42	696	38,28	748	41,14	800	44,00	852	46,86
593	32,62	645	35,48	697	38,34	749	41,20	801	44,06	853	46,92
594	32,67	646	35,53	698	38,39	750	41,25	802	44,11	854	46,97
595	32,73	647	35,59	699	38,45	751	41,31	803	44,17	855	47,03
596	32,78	648	35,64	700	38,50	752	41,36	804	44,22	856	47,08
597	32,84	649	35,70	701	38,56	753	41,42	805	44,28	857	47,14
598	32,89	650	35,75	702	38,61	754	41,47	806	44,33	858	47,19
599	32,95	651	35,81	703	38,67	755	41,53	807	44,39	859	47,25
600	33,00	652	35,86	704	38,72	756	41,58	808	44,44	860	47,30
601	33,06	653	35,92	705	38,78	757	41,64	809	44,50	861	47,36
602	33,11	654	35,97	706	38,83	758	41,69	810	44,55	862	47,41
603	33,17	655	36,03	707	38,89	759	41,75	811	44,61	863	47,47
604	33,22	656	36,08	708	38,94	760	41,80	812	44,66	864	47,52
605	33,28	657	36,14	709	39,00	761	41,86	813	44,72	865	47,58
606	33,33	658	36,19	710	39,05	762	41,91	814	44,77	866	47,63
607	33,39	659	36,25	711	39,11	763	41,97	815	44,83	867	47,69
608	33,44	660	36,30	712	39,16	764	42,02	816	44,88	868	47,74
609	33,50	661	36,36	713	39,22	765	42,08	817	44,94	869	47,80
610	33,55	662	36,41	714	39,27	766	42,13	818	44,99	870	47,85
611	33,61	663	36,47	715	39,33	767	42,19	819	45,05	871	47,91
612	33,66	664	36,52	716	39,38	768	42,24	820	45,10	872	47,96
613	33,72	665	36,58	717	39,44	769	42,30	821	45,16	873	48,02
614	33,77	666	36,63	718	39,49	770	42,35	822	45,21	874	48,07
615	33,83	667	36,69	719	39,55	771	42,41	823	45,27	875	48,13
616	33,88	668	36,74	720	39,60	772	42,46	824	45,32	876	48,18
617	33,94	669	36,80	721	39,66	773	42,52	825	45,38	877	48,24
618	33,99	670	36,85	722	39,71	774	42,57	826	45,43	878	48,29
619	34,05	671	36,91	723	39,77	775	42,63	827	45,49	879	48,35
620	34,10	672	36,96	724	39,82	776	42,68	828	45,54	880	48,40
621	34,16	673	37,02	725	39,88	777	42,74	829	45,60	881	48,46
622	34,21	674	37,07	726	39,93	778	42,79	830	45,65	882	48,51
623	34,27	675	37,13	727	39,99	779	42,85	831	45,71	883	48,57
624	34,32	676	37,18	728	40,04	780	42,90	832	45,76	884	48,62
625	34,38	677	37,24	729	40,10	781	42,96	833	45,82	885	48,68
626	34,43	678	37,29	730	40,15	782	43,01	834	45,87	886	48,73
627	34,49	679	37,35	731	40,21	783	43,07	835	45,93	887	48,79
628	34,54	680	37,40	732	40,26	784	43,12	836	45,98	888	48,84
629	34,60	681	37,46	733	40,32	785	43,18	837	46,04	889	48,90
630	34,65	682	37,51	734	40,37	786	43,23	838	46,09	890	48,95
631	34,71	683	37,57	735	40,43	787	43,29	839	46,15	891	49,01

IX. Mehrwertsteuertabellen 5,5%

Für DM	Mehrwertsteuer DM	Für DM	Mehrwertsteuer DM	Für DM	Mehrwertsteuer DM	Für DM	Mehrwertsteuer DM	Für DM	Mehrwertsteuer DM	Für DM	Mehrwertsteuer DM
892	49,06	910	50,05	928	51,04	946	52,03	964	53,02	982	54,01
893	49,12	911	50,11	929	51,10	947	52,09	965	53,08	983	54,07
894	49,17	912	50,16	930	51,15	948	52,14	966	53,13	984	54,12
895	49,23	913	50,22	931	51,21	949	52,20	967	53,19	985	54,18
896	49,28	914	50,27	932	51,26	950	52,25	968	53,24	986	54,23
897	49,34	915	50,33	933	51,32	951	52,31	969	53,30	987	54,29
898	49,39	916	50,38	934	51,37	952	52,36	970	53,35	988	54,34
899	49,45	917	50,44	935	51,43	953	52,42	971	53,41	989	54,40
900	49,50	918	50,49	936	51,48	954	52,47	972	53,46	990	54,45
901	49,56	919	50,55	937	51,54	955	52,53	973	53,52	991	54,51
902	49,61	920	50,60	938	51,59	956	52,58	974	53,57	992	54,56
903	49,67	921	50,66	939	51,65	957	52,64	975	53,63	993	54,62
904	49,72	922	50,71	940	51,70	958	52,69	976	53,68	994	54,67
905	49,78	923	50,77	941	51,76	959	52,75	977	53,74	995	54,73
906	49,83	924	50,82	942	51,81	960	52,80	978	53,79	996	54,78
907	49,89	925	50,88	943	51,87	961	52,86	979	53,85	997	54,84
908	49,94	926	50,93	944	51,92	962	52,91	980	53,90	998	54,89
909	50,00	927	50,99	945	51,98	963	52,97	981	53,96	999	54,95
						Die Mehrwertsteuer beträgt für				1000	55,00
										2000	110,00
										3000	165,00
										4000	220,00
										5000	275,00
										6000	330,00
										7000	385,00
										8000	440,00
										9000	495,00
										10000	550,00

Zwischen- und höhere Werte — auch von Pfennigbeträgen (vgl. S. 45) — sind durch Addition zu ermitteln.

Zum Beispiel: Für 1875,60 DM: 1000,— DM = 55,— DM
875,— DM = 48,13 DM
0,60 DM = 0,03 DM
Sa: 103,16 DM.

X. Gerichtsvollziehergebühren

Nach dem Gesetz über Kosten für Gerichtsvollzieher in der Fassung vom 26. 7. 1957
BGBl. I S. 887

Gültig ab 1. 10. 1957

Wert bis einschl. DM	Pfändungsgebühr § 17 Schätzung § 33^{1} $^{10}/_{10}$ DM	Erfolglose Pfändung, Einstellung, Übernahme beweglicher Sachen §§ 17^{4}, 18, 20^{3} $^{5}/_{10}$ DM	Rücknahme des Auftrags falls noch nicht an Ort und Stelle begeben Hebe-(Leistungsgebühr) §§ 20^{1}, 27 $^{1}/_{4}$ DM	Hebegebühr zusätzlich $^{1}/_{8}$ Pfändungsgebühr §§ 20^{2}, 27 DM	Versteigerungsgebühr § 21 $^{25}/_{10}$ DM	Mitwirkung nach § 825 ZPO § 21^{5} $^{10}/_{10}$ DM	
50	1	1	0,50	1,50	2,50	1	
100	2	1	0,50	1,50	5	2	
150	3	1,50	0,80	2,30	7,50	3	
200	4	2	1	3	10	4	
300	5	2,50	1,30	3,80	12,50	5	
400	6	3	1,50	4,50	15	6	
500	7	3,50	1,80	5,30	17,50	7	
600	8	4	2	6	20	8	
900	10	5	2,50	7,50	25	10	
1200	12	6	3	9	30	12	
1500	14	7	3,50	10,50	35	14	
2000	17	8,50	4,30	12,80	42,50	17	
2500	20	10	5	15	50	20	
3000	23	11,50	5,80	17,30	57,50	23	
3500	26	13	6,50	19,50	65	25	(Höchstgebühr)
4000	29	14,50	7,30	21,80	72,50	25	(Höchstgebühr)
4500	32	16	8	24	80	25	(Höchstgebühr)
5000	35	17,50	8,80	26,30	87,50	25	(Höchstgebühr)
6000	40	20	10	30	100	25	(Höchstgebühr)
7000	45	22,50	11,30	33,80	112,50	25	(Höchstgebühr)
8000	50	25	12,50	37,50	125	25	(Höchstgebühr)
9000	55	27,50	13,80	41,30	137,50	25	(Höchstgebühr)
10000	60	30	15	45	150	25	(Höchstgebühr)
11000	65	32,50	16,30	48,80	162,50	25	(Höchstgebühr)
12000	70	35	17,50	52,50	175	25	(Höchstgebühr)
13000	75	37,50	18,80	56,30	187,50	25	(Höchstgebühr)
14000	80	40	20	60	200	25	(Höchstgebühr)
15000	85	42,50	21,30	63,80	212,50	25	(Höchstgebühr)
16000	90	45	22,50	67,50	225	25	(Höchstgebühr)
17000	95	47,50	23,80	71,30	237,50	25	(Höchstgebühr)
18000	100	50	25	75	250	25	(Höchstgebühr)
19000	105	52,50	26,30	78,80	262,50	25	(Höchstgebühr)
20000	110	55	27,50	82,50	275	25	(Höchstgebühr)

X. Gerichtsvollziehergebühren

Wert bis einschl. DM	Pfändungsgebühr § 17 Schätzung § 33^{1} 10/10 DM	Erfolglose Pfändung, Einstellung, Übernahme beweglicher Sachen §§ 17^{4}, 18, 20^{3} 5/10 DM	Rücknahme des Auftrags falls noch nicht an Ort und Stelle begeben Hebe-(Leistungsgebühr) § 20^{1}, 27 1/4 DM	Hebegebühr zusätzlich 1/2 Pfändungsgebühr §§ 20^{2}, 27 DM	Versteigerungsgebühr § 21 25/10 DM	Mitwirkung nach § 825 ZPO § 21^{5} 10/10 DM	
von dem — auf volle 1000 DM aufzurundenden — Mehrbetrage für je 1000 DM = 5 DM oder							
	0,5%	0,25%	0,125%	0,375%	12,5%		
	+10	+5	+2,50	+7,50	+25		
Zum Beispiel:							
21000	115	57,50	28,80	86,30	287,50	25	(Höchstgebühr)
22000	120	60	30	90	300	25	(Höchstgebühr)
23000	125	62,50	31,30	93,80	312,50	25	(Höchstgebühr)
24000	130	65	32,50	97,50	325	25	(Höchstgebühr)
25000	135	67,50	33,80	101,30	337,50	25	(Höchstgebühr)
26000	140	70	35	105	350	25	(Höchstgebühr)
27000	145	72,50	36,30	108,80	362,50	25	(Höchstgebühr)
28000	150	75	37,50	112,50	375	25	(Höchstgebühr)
29000	155	77,50	38,80	116,30	387,50	25	(Höchstgebühr)
30000	160	80	40	120	400	25	(Höchstgebühr)

XI. Gebühren der Rechtsbeistände

für die Erstattung der obsiegenden Partei gem. § 91 ZPO
Art. IX des Gesetzes vom 26. 7. 1957 — BGBl. I S. 931 —
i. d. Fass. des Gesetzes vom 30. 6. 1965 — BGBl. I S. 577
i. V. mit dem Gesetz vom 29. 10. 1969 — BGBl. I S. 2049

Gültig ab 1. Januar 1970

Bei einem Gegenstandswert bis DM	10/10 DM	5/10 DM	4/10 DM	3/10 DM	2/10 DM
150	15	7,50	6	5	5
200	20	10	8	6	5
250	25	12,50	10	7,50	5
300	30	15	12	9	6
400	33	16,50	13,20	9,90	6,60
600	37	18,50	14,80	11,10	7,40
800	41	20,50	16,40	12,30	8,20
1000	45	22,50	18	13,50	9
1400	52	26	20,80	15,60	10,40
1800	59	29,50	23,60	17,70	11,80
2200	66	33	26,40	19,80	13,20
2600	73	36,50	29,20	21,90	14,60
3000	80	40	32	24	16
3400	87	43,50	34,80	26,10	17,40
3800	94	47	37,60	28,20	18,80

Bei höheren Werten die Hälfte der Beträge der Tabelle I.

Bei Geschäftsreisen erhält der Rechtsbeistand:

Tage- und Abwesenheitsgeld. Bis zu 4 Stunden nichts, 4 bis 8 Stunden 15 DM, mehr als 8 Stunden 30 DM. Bei Auslandsreisen kann zu diesen Beträgen ein Zuschlag von 50 v. H. berechnet werden. Außerdem hat er Anspruch auf Ersatz der Übernachtungskosten.

Fahrtkosten. Für Benutzung des eigenen Kraftwagens 0,40 DM für jeden angefangenen km des Hin- und Rückwegs. Bei Benutzung anderer Verkehrsmittel sind die tatsächlichen Aufwendungen zu erstatten.

Gebühren vor den Sozialgerichten:

Verfahren vor den Sozialgerichten	volle Gebühr 15	bis 120 DM,
vor den Landessozialgerichten	volle Gebühr 22,50	bis 180 DM,
vor dem Bundessozialgericht	volle Gebühr 37,50	bis 300 DM.

(Art. IX § 2 d. Ges. vom 26. 7. 1957).

* Da sich die Gebühren nach der BRAGebO bemessen, sind Pfennigbeträge auf 10 Pfennig aufzurunden (§ 3 BRAGebO).

XII. Gebühren der Arbeitsgerichte

Nach § 12 des ArbGerGes. in der Fassung des Art. X § 12 des Gesetzes vom 26. 7. 1957 BGBl. I S. 933

Gültig ab 1. 10. 1957 — vgl. auch Anmerkungen zu Tabelle VI Ziff. 7

a) Gebühren im 1. Rechtszug

Geschäftswert bis zu DM	volle DM	halbe DM	Geschäftswert bis zu DM	volle DM	halbe DM	Geschäftswert bis zu DM	volle DM	halbe DM
20	1	1	4300	129	64,50	8700	261	130,50
60	2	1	4400	132	66	8800	264	132
100	3	1,50	4500	135	67,50	8900	267	133,50
200	6	3	4600	138	69	9000	270	135
300	9	4,50	4700	141	70,50	9100	273	136,50
400	12	6	4800	144	72	9200	276	138
500	15	7,50	4900	147	73,50	9300	279	139,50
600	18	9	5000	150	75	9400	282	141
700	21	10,50	5100	153	76,50	9500	285	142,50
800	24	12	5200	156	78	9600	288	144
900	27	13,50	5300	159	79,50	9700	291	145,50
1000	30	15	5400	162	81	9800	294	147
1100	33	16,50	5500	165	82,50	9900	297	148,50
1200	36	18	5600	168	84	10000	300	150
1300	39	19,50	5700	171	85,50	10100	303	151,50
1400	42	21	5800	174	87	10200	306	153
1500	45	22,50	5900	177	88,50	10300	309	154,50
1600	48	24	6000	180	90	10400	312	156
1700	51	25,50	6100	183	91,50	10500	315	157,50
1800	54	27	6200	186	93	10600	318	159
1900	57	28,50	6300	189	94,50	10700	321	160,50
2000	60	30	6400	192	96	10800	324	162
2100	63	31,50	6500	195	97,50	10900	327	163,50
2200	66	33	6600	198	99	11000	330	165
2300	69	34,50	6700	201	100,50	11100	333	166,50
2400	72	36	6800	204	102	11200	336	168
2500	75	37,50	6900	207	103,50	11300	339	169,50
2600	78	39	7000	210	105	11400	342	171
2700	81	40,50	7100	213	106,50	11500	345	172,50
2800	84	42	7200	216	108	11600	348	174
2900	87	43,50	7300	219	109,50	11700	351	175,50
3000	90	45	7400	222	111	11800	354	177
3100	93	46,50	7500	225	112,50	11900	357	178,50
3200	96	48	7600	228	114	12000	360	180
3300	99	49,50	7700	231	115,50	12100	363	181,50
3400	102	51	7800	234	117	12200	366	183
3500	105	52,50	7900	237	118,50	12300	369	184,50
3600	108	54	8000	240	120	12400	372	186
3700	111	55,50	8100	243	121,50	12500	375	187,50
3800	114	57	8200	246	123	12600	378	189
3900	117	58,50	8300	249	124,50	12700	381	190,50
4000	120	60	8400	252	126	12800	384	192
4100	123	61,50	8500	255	127,50	12900	387	193,50
4200	126	63	8600	258	129	13000	390	195

XII. Gebühren der Arbeitsgerichte

Geschäftswert bis zu DM	volle DM	halbe DM	Geschäftswert bis zu DM	volle DM	halbe DM	Geschäftswert bis zu DM	volle DM	halbe DM
13100	393	196,50	14400	432	216	15700	471	235,50
13200	396	198	14500	435	217,50	15800	474	237
13300	399	199,50	14600	438	219	15900	477	238,50
13400	402	201	14700	441	220,50	16000	480	240
13500	405	202,50	14800	444	222	16100	483	241,50
13600	408	204	14900	447	223,50	16200	486	243
13700	411	205,50	15000	450	225	16300	489	244,50
13800	414	207	15100	453	226,50	16400	492	246
13900	417	208,50	15200	456	228	16500	495	247,50
14000	420	210	15300	459	229,50	16600	498	249
14100	423	211,50	15400	462	231	über		
14200	426	213	15500	465	232,50			
14300	429	214,50	15600	468	234	16600	500	250

b) Gebühren in höheren Rechtszügen

Geschäftswert	Volle Gebühr in		Geschäftswert	Volle Gebühr in		Geschäftswert	Volle Gebühr in	
	Berufung	Revision		Berufung	Revision		Berufung	Revision
bis zu DM	§ 12 II	§ 12 II	bis zu DM	§ 12 II	§ 12 II	bis zu DM	§ 12 II	§ 12 II
50	3,60	4,80	7 000	153,60	204,80	33 200	369,60	492,80
100	4,80	6,40	7 400	159,60	212,80	34 000	375,60	500,80
150	7,20	9,60	7 800	165,60	220,80	34 800	381,60	508,80
200	9,60	12,80	8 200	171,60	228,80	35 600	387,60	516,80
300	14,40	19,20	8 600	177,60	236,80	36 400	393,60	524,80
400	19,20	25,60	9 000	183,60	244,80	37 200	399,60	532,80
500	24,—	32,—	9 500	189,60	252,80	38 000	405,60	540,80
600	28,80	38,40	10 000	195,60	260,80	38 800	411,60	548,80
700	32,40	43,20	10 800	201,60	268,80	39 600	417,60	556,80
800	36,—	48,—	11 600	207,60	276,80	40 400	423,60	564,80
900	39,60	52,80	12 400	213,60	284,80	41 200	429,60	572,80
1 000	43,20	57,60	13 200	219,60	292,80	42 000	435,60	580,80
1 100	46,80	62,40	14 000	225,60	300,80	42 800	441,60	588,80
1 200	50,40	67,20	14 800	231,60	308,80	43 600	447,60	596,80
1 300	54,—	72,—	15 600	237,60	316,80	44 400	453,60	604,80
1 400	57,60	76,80	16 400	243,60	324,80	45 200	459,60	612,80
1 500	61,20	81,60	17 200	249,60	332,80	46 000	465,60	620,80
1 600	64,80	86,40	18 000	255,60	340,80	46 800	471,60	628,80
1 700	68,40	91,20	18 800	261,60	348,80	47 600	477,60	636,80
1 800	70,80	94,40	19 600	267,60	356,80	48 400	483,60	644,80
1 900	73,20	97,60	20 400	273,60	364,80	49 200	489,60	652,80
2 000	75,60	100,80	21 200	279,60	372,80	50 000	495,60	660,80
2 300	80,40	107,20	22 000	285,60	380,80	von dem (auf volle 1000 DM		
2 600	85,20	113,60	22 800	291,60	388,80	aufzurundenden) Mehr-		
2 900	90,—	120,—	23 600	297,60	396,80			
3 200	94,80	126,40	24 400	303,60	404,80	betrage für		
3 500	99,60	132,80	25 200	309,60	412,80	je 1000	7,20	9,60
3 800	104,40	139,20	26 000	315,60	420,80		oder	
4 100	109,20	145,60	26 800	321,60	428,80		0,72‰	0,96‰
4 400	114,—	152,—	27 600	327,60	436,20		+135,60	+180,80
4 700	118,80	158,40	28 400	333,60	444,80			
5 000	123,60	164,80	29 200	339,60	452,80	z.B.:		
5 400	129,60	172,80	30 000	345,60	460,80	51 000	502,80	670,40
5 800	135,60	180,80	30 800	351,60	468,80	52 000	510,—	680,—
6 200	141,60	188,80	31 600	357,60	476,80	53 000	517,20	689,60
6 600	147,60	196,80	32 400	363,60	484,80	60 000	567,60	756,80

Kolibri 360 GmbH
Ferdinand-Jühlke-Straße 7
99095 Erfurt, Deutschland
produktsicherheit@kolibri360.de